Hermine-Marie Zehl

Grundkurs ASTROLOGIE

Konstrukive Lebensgestaltung

Kombination der zwölf Prinzipien

Deutung von Horoskopen

Inhalt

Vorwort 4

Einführung 6

Die Entstehung eines Horoskops 14
Grunddaten 14
Die vier Elemente 20

Die zwölf astrologischen Prinzipien 26
Häuser und Planeten 27

In jedem persönlichen Horoskop ist der Aszendent (AC) das Zeichen, das zum Zeitpunkt der Geburt im Osten aufsteigt.

Die Verbindung der Prinzipien 38
Die Deutungsschritte 38
Die Erlebensebenen 41

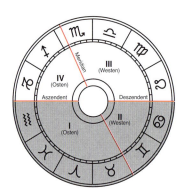

Quadranten, Achsen und Kreuze 44
Die Quadranten 45
Die Qualität der Zeichen 47
Die Achsen und Kreuze 48

Das Lebenstheater 56
Der Planet 56
Das Haus 58
Das Zeichen 58

Inhalt

Planetenverzeichnis 62

Die Sonne in den Häusern   62
Der Mond in den Häusern   63
Merkur in den Häusern   65
Venus in den Häusern   66
Mars in den Häusern   68
Jupiter in den Häusern   69
Saturn in den Häusern   71
Uranus in den Häusern   72
Neptun in den Häusern   74
Pluto in den Häusern   75

Steht Merkur in den Häusern, ist entweder die zwillinghafte Seite – die Kommunikation – oder die jungfrauhafte Seite des analytischen Denkens und Reagierens angesprochen.

Die Aspekte 78

Die wichtigsten Grundaspekte   78
Figuren   81

Die Arbeit mit den Aspekten 86

Aspekte mit der Sonne   87
Aspekte mit dem Mond   87
Aspekte mit Merkur   88
Aspekte mit Venus   89
Aspekte mit Mars   90
Aspekte mit Jupiter   91
Aspekte mit Saturn   91
Aspekte mit Uranus   92
Aspekte mit Neptun und Pluto   92

Literaturverzeichnis   93
Über dieses Buch   94
Register   95

Die Sonne hält sich in den einzelnen Sternbildern etwa vier Wochen auf. Sie steht vom 22. Juni bis 23. Juli im Krebs.

Vorwort

Der Astrologie geht es wie Eliza Doolittle: Hat ein vornehmer Herr sie früher entweder übersehen, einen Bogen um das »schmutzige« Blumenmädchen gemacht oder aus der Ferne wie ein fremdes Wesen vom andern Stern bestaunt, so führt er sie heute an seinem Arm, sie hat sich gemausert. Sogar der Ton in Zeitschriften mit intellektuellem Anspruch hat sich ihr gegenüber messbar gewandelt. Ob dies möglicherweise damit zusammenhängt, dass sich Fragestellung und Sichtweise speziell in den Naturwissenschaften verändert haben, deren Lehrsätze bisher als unumstößlich galten?

Kurzum – die Astrologie wird immer gesellschaftsfähiger, und das ist gut so, denn dadurch treten immer mehr Menschen der Astrologie – und damit vielleicht auch sich selbst – ein wenig näher. Und so wird sie auch entmystifiziert. Man merkt, dass es sich hier um eine bestimmte Sprache handelt, die man lernen kann zu lesen, zu sprechen, auszudeuten und – nicht zuletzt – erfolgreich anzuwenden.

> **Durch Kombination der kosmischen Prinzipien lernen wir Schritt für Schritt, uns selbst und andere immer besser zu verstehen und Veränderungen für eine geglückte Partnerschaft, gelungene mitmenschliche Kommunikation und seelische Gesundheit herbeizuführen.**

Zwölf Prinzipien der Astrologie

Die zwölf astrologischen Prinzipien, um die es hier in diesem Buch geht, können nur ein Grobraster unserer menschlichen Natur sein. Erst mit Hilfe aller »Zutaten« zu einem Horoskop ist es möglich, einen ziemlich genauen »Feinschliff« herauszuarbeiten. Aber selbst wenn man sich die Typologisierungen im Einzelnen ansieht, ist es doch erstaunlich, wie viel bestimmte Menschen trotz aller Unterschiede gemeinsam haben. Auf der Basis dieser Grundanlagen schält sich die einzelne Persönlichkeit durch genaueres »Hinsehen« dann mehr und mehr heraus. Die für mich schönste Beschreibung dieses Zustandes fand ich bei Fritz Riemann: »Unsere Existenz«, schreibt er, »gleicht einer Pyramide, deren breite Basis sich aus Typischem und Gemeinsamkeiten aufbaut, die aber zur Spitze hin sich immer mehr aus den verbindenden Gemeinsamkeiten herauslöst und im einmalig Individuellen endet.«

Wenn man nun mit dem Horoskop einen Spiegel vorgehalten bekommt, so ist es auch nicht immer wichtig, dass dieser Spiegel blitzeblank jedes Detail wiedergibt. Viel wichtiger ist, ihn nicht nur zur SelbstANsicht zu benutzen, als fatalistische Entschuldigung für unsere Unzulänglichkeiten, sondern zur SelbstEINsicht, mit der man sich klarmachen kann, was einem an sich selbst nicht gefällt, in welche Fallstricke des Lebens man nicht mehr laufen und was man gerne verändern möchte.

Psychologische Astrologie

Ob Ihnen nun dieses Buch zufällig in die Hände gefallen ist oder ob Sie gezielt nach einem Übungsbuch gesucht haben: Der erste Schritt ist getan, sich mit Astrologie zu beschäftigen und dadurch sein Leben positiv zu verändern. Diese Veränderungen zu erreichen hat nichts mit Hexerei oder visionären Utopien zu tun, sondern mit der Art Astrologie, die man heute anwendet: die psychologische Astrologie.

Doch vor jeder Anwendung steht eine Aufgabe. In diesem Fall heißt es, sich erst einmal eine solide Basis an astrologischem Wissen anzueignen. Erst wenn man über ein geeignetes Handwerkszeug verfügt, um die astrologische Sprache zu erlernen, kann man sich Schritt für Schritt in das Deuten, Verstehen und Anwenden eines Horoskops begeben.

Dabei wird Ihnen das vorliegende Buch helfen. Hier ist das Wissen von vielen »alten« und »neueren« Meistern, die ich studiert und bei denen ich gelernt habe, vereint mit meinen eigenen praxisbezogenen Erfahrungen. Das Buch entstand nach meinen Aufbauseminaren, es hat also schon die »Feuerprobe« hinter sich: So manche Gedanken wurden durch Fragen, Anregungen und Kritik von Kursteilnehmern aufgeworfen. Auch viele Klienten trugen mit ihren Schilderungen dazu bei, bestimmte Konstellationen näher zu beleuchten und das Spektrum von möglichen Entsprechungen zu erweitern – dafür gilt ihnen allen mein herzlicher Dank. Und nicht zuletzt möchte ich mich bei der wunderbaren Astrologin Christine Kobbe in München bedanken, die mir uranisch-freundschaftlich zur Seite stand, ihren skorpiontiefen professionellen Blick in das Manuskript gebohrt und sich meiner merkurischen Denkschludrigkeiten stiermondig-liebevoll angenommen hat.

Mit Hilfe der psychologischen Astrologie können wir Einsicht nehmen in unser Lebensprogramm und eine konstruktive Lebensgestaltung vornehmen, unsere Fähigkeiten und Talente entwickeln.

Einführung

Bevor wir die Bestandteile eines Horoskops auf ihre astrologische Bedeutung hin kennen lernen, sind vielleicht noch ein paar einführende Bemerkungen zu astronomischen Gegebenheiten bzw. Grundverfahren in der Astrologie angebracht, die zum Verständnis notwendig sind und Hintergründe etwas deutlicher machen.

Geozentrische Orientierung

In der Astrologie sind alle astronomischen Vorgänge und Begriffe geozentrisch orientiert. Das bedeutet, dass wir von der astronomisch üblichen heliozentrischen Sicht abweichen. Nicht die Sonne wird als Mittelpunkt des Bezugssystems betrachtet, sondern die Erde – schließlich leben wir ja auf ihr. Das Horoskop ist also die Darstellung von Sonne, Mond und den Planeten von der Erde aus gesehen. Ein Rundumblick von unserem Planeten ergibt einen Vollkreis von 360 Grad, ein Horoskop besteht also aus einem Kreis, der in 360 Grad unterteilt wird.

> Ein Horoskop ist ein Rundumblick von der Erde aus gesehen. Denn in der Astrologie steht die Erde im Mittelpunkt des Systems und nicht die Sonne. Man nennt dies das geozentrische Weltbild.

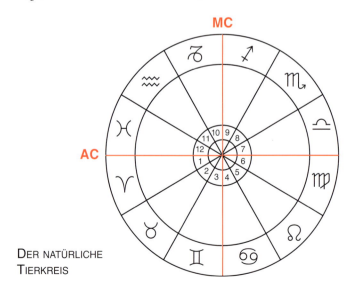

DER NATÜRLICHE TIERKREIS

Die zwölf Häuser

Tierkreis und Häuser

Im äußeren Kreisband eingezeichnet sind die zwölf Symbole der Tierkreiszeichen, die in der astrologischen Deutung verschiedene Bedeutungen haben. In dem »natürlichen« Horoskopkreis, dessen erstes Zeichen immer der Widder ist, bilden die zwölf Zeichen so genannte »Häuser« zu je 30 Grad. Am Beginn des »natürlichen« Horoskops steht also immer der 21. März, die Spitze des Zeichens Widder. Dieser so genannte »Frühlingspunkt« ist astronomisch jener Punkt, an dem die Sonnenbahn die Erdäquatorebene kreuzt.

Die Tierkreiszeichen werden durch die Bewegung der Erde um die Sonne innerhalb eines Jahreszyklus bestimmt. Die Häuser hingegen stellen

Die Sonne hält sich in den einzelnen Sternbildern ungefähr vier Wochen auf und braucht daher ein Jahr, um alle zwölf Zeichen zu durchqueren. Das astrologische Jahr beginnt mit dem Sternzeichen Widder am 21. März mit Beginn des Frühlings.

Caroline von Monaco	23.01.1957 10:27:00 MEZ	
Monte Carlo	007:25:00 0 43:45:00 N	09:27:00 GMT

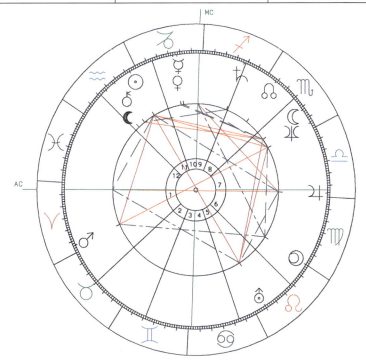

den 24-stündigen Tageszyklus dar. In den »natürlichen« Tierkreis werden bei einer Horoskoperstellung dann die jeweils »persönlichen« Häuser und die Planeten zum Zeitpunkt des Ereignisses eingetragen. Wie die Häuser zustande kommen, wird im nächsten Kapitel bei der Horoskoperstellung genau besprochen.

Frühlingspunkt

Der Beginn des »natürlichen« Horoskops ist immer der 21. März, die Spitze des Zeichens Widder. Dieser »Frühlingspunkt« wird immer wieder diskutiert. Wie bereits gesagt, ist dies der Punkt, an dem die Sonnenbahn die Erdäquatorebene kreuzt. Übersetzt heißt das nur, dass auf der ganzen Welt Tag- und Nachtgleiche herrscht. Fatalerweise heißt dieser Punkt aber auch »Null-Grad-Widder-Punkt«, und diese Bezeichnung sorgt für Verwirrung. Er befindet sich nämlich durch die zwar sehr langsame, aber immerhin feststellbare Rotation der Erdachse mittlerweile im Wassermann. Und deshalb sprechen viele vom »verschobenen Frühlingspunkt«. Der astrologische Bezugspunkt ist aber nach wie vor bei null Grad Widder, da es sich bei der Astrologie um ein gedankliches Konzept handelt, das erst durch die Übertragung des tatsächlichen Gestirnstandes in die Theorie Leben eingehaucht wird. Das heißt, dass das astrologische Jahr nicht mit dem Winter beginnt, sondern mit ihm endet. Der Beginn des astrologischen Jahres setzt mit dem Frühling ein, was vom Rhythmus der Natur her auch viel einleuchtender ist.

> **Weder Sternbilder noch Planeten wirken »von oben herunter«, sondern wir tragen die Entsprechungen bzw. Dispositionen dieser zugeordneten Eigenschaften in uns; es handelt sich um eine Symbolsprache. Wie wir sie er- und ausleben, liegt zu einem guten Teil in unserer Hand.**

Tierkreiszeichen und Sternbilder

Die in der Astrologie verwendeten Tierkreiszeichen sind prinzipiell von den Sternbildern der Ekliptik zu unterscheiden, auch wenn landläufig manchmal von »Sternbildern«, gesprochen wird. Die Astrologie arbeitet grundsätzlich mit Zeichen und nicht mit Sternbildern. Das 13. Sternbild, der »Schlangenträger«, ist nur als ein sehr beliebtes alljährliches Sommerlochthema zu sehen. Es ist für die Astrologie vollkommen egal, dass es am Himmel mehr astronomische Sternbilder gibt, als von ihr verwendet werden, und es ist nicht wichtig, ob die Sternbilder hintereinander kommen oder nicht. Auch die Namen, die für die einzelnen

Sternbilder gebraucht werden, spielen im Grunde keine Rolle; es geht hier um die Inhalte, also die Eigenschaften, Fähigkeiten und Kräfte, welche die Astrologie den einzelnen Tierkreiszeichen zuweist. Die Astrologie ist als ein gedankliches Konzept, bei dem es um die Symbolsprache sowohl der Tierkreiszeichen als auch der Planeten geht, erwiesen.

Tierkreis und Planeten

Um dieses gedankliche Konzept auf einen Menschen anwenden zu können, werden die Positionen der Planeten für den relevanten Zeitpunkt nach den tatsächlichen astronomischen Daten ins Horoskop übertragen. Will man den Zusammenhang zwischen Planetenstand und Menschenbild verstehen, so ist zu beachten, dass nicht die Planeten »von oben« herab Kräfte entfalten, also direkten Einfluss auf die Menschen haben, wie wir dies z. B. von den Mondrhythmen her kennen. Die Astrologie arbeitet mit den Planeten als Symbol für bestimmte Eigenschaften, die nach dem Prinzip des »Makromikrokosmos« zum Tragen kommen. Dieses Prinzip »wie oben, so unten« besagt, dass wir die Entsprechung

Jedem Tierkreiszeichen ist ein Planet zugeordnet, die Planeten sind damit »Herrscher« über ihre Zeichen. Die Sonne z. B. ist der Herrscher über den Löwen, der Mond über das Sternzeichen Krebs, Venus beherrscht die beiden Zeichen Stier und Waage, Merkur hat die Herrschaft über Zwillinge und Jungfrau.

Zeichen	Symbol	Zeitraum	Herrscher	Symbol
Widder	♈	21. März bis 21. April	Mars	♂
Stier	♉	21. April bis 21. Mai	Venus d. M.	♀
Zwillinge	♊	21. Mai bis 22. Juni	Merkur d. M.	☿
Krebs	♋	22. Juni bis 23. Juli	Mond	☽
Löwe	♌	23. Juli bis 23. Aug.	Sonne	☉
Jungfrau	♍	23. Aug. bis 23. Sept.	Merkur d. A.	☿
Waage	♎	23. Sept. bis 24. Okt.	Venus d. A.	♀
Skorpion	♏	24. Okt. bis 23. Nov.	Pluto	♇
Schütze	♐	23. Nov. bis 22. Dez.	Jupiter	♃
Steinbock	♑	22. Dez. bis 21. Jan.	Saturn	♄
Wassermann	♒	21. Jan. bis 20. Feb.	Uranus	♅
Fische	♓	20. Feb. bis 21. März	Neptun	♆

Einführung

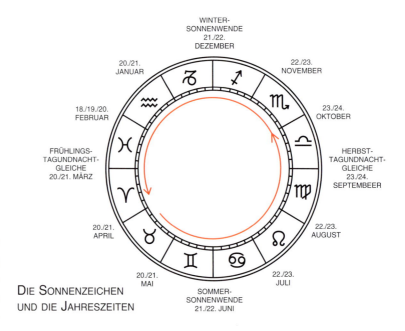

DIE SONNENZEICHEN UND DIE JAHRESZEITEN

Zum Zeitpunkt einer Geburt werden die Gestirnstände abgelesen und in das Horoskop eingetragen. Am Sonnenstand kann man erkennen, zu welcher Jahreszeit und auch um welche Tageszeit jemand geboren ist.

der zugeordneten Eigenschaften in uns tragen. Jeder Planet ist einem bestimmten Tierkreiszeichen zugeordnet; in der Astrologie drückt man das so aus, dass die Tierkreiszeichen von einem Planeten »beherrscht« werden, die Planeten sind also die »Herrscher« der Zeichen. Dies spielt später in der Deutung eine große Rolle, daher ist es gut, sich von Anfang an mit dieser Ausdrucksweise vertraut zu machen.

Zwei der Planeten sind jeweils in zwei verschiedenen Zeichen zu finden, nämlich Venus und Merkur. Dem Stier ist die Venus des Morgens, der Waage die Venus des Abends zugeordnet, der Merkur des Morgens beherrscht den Zwilling, der Merkur des Abends die Jungfrau. Um welche Venus bzw. welchen Merkur es sich handelt, hängt also davon ab, ob das Ereignis vor oder nach 12 Uhr Mittag stattgefunden hat.

Skorpion, Wassermann und Fische hatten vor der Entdeckung der »neuen« Planeten Pluto, Uranus und Neptun andere Herrscher. Da diesen alten Zuordnungen immer noch eine gewisse Bedeutung zugemessen wird, soll hier nochmals darauf eingegangen werden:

- Skorpion: Mars (jetzt Pluto)
- Wassermann: Saturn (jetzt Uranus)
- Fische: Jupiter (jetzt Neptun).

Das Sternzeichen

Die Sonne durchläuft durch die Erdwanderung die einzelnen Tierkreiszeichen jeweils ungefähr einen Monat. So entsteht das Sonnenzeichen, das wir landläufig »Sternzeichen« nennen, bzw. so erklären sich die zugeordneten Zeiträume in der auf Seite 9 angeführten Tabelle. Daran, in welchem Tierkreiszeichen die Sonne platziert ist, kann man also ablesen, um welche Jahreszeit jemand geboren ist.

Aszendent, Deszendent, Medium Coeli und Imum Coeli

Im natürlichen Horoskop ist der Aszendent die Spitze des Zeichens Widder. Im persönlichen Horoskop ist der Aszendent (AC) das Zeichen, das zum Zeitpunkt unserer Geburt am Horizont im Osten aufsteigt (lat. ascendere = aufsteigen). Es ist dies der Schnittpunkt des wahren Horizontes mit dem Äquator. Der wahre Schnittpunkt ist sozusagen die im rechten Winkel auf den Geburtsort ausgerichtete Äquatorfläche. Mit diesem wahren Schnittpunkt wird in der Astrologie gearbeitet. Es gibt noch den scheinbaren Horizont, der genau umgekehrt berechnet wird: Der Geburtsort wird nach dem Äquator ausgerichtet. Er findet aber in der Astrologie keine Anwendung.

Durch die schräge Stellung der Ekliptik und aus der scheinbaren Drehung der Ekliptik um die Erde in 24 Stunden ergibt es sich, dass die Fische als Aszendent relativ selten sind, da sie nur etwa 30 Minuten am Himmel stehen, Widder und Stier halten sich nur ca. eine Stunde am Himmel auf. Die Aszendenten Jungfrau, Waage und Skorpion hingegen sind auf der nördlichen Halbkugel verhältnismäßig verbreitet, da sie ca. zweieinhalb bis drei Stunden am Horizont stehen. Alle anderen Aszendentenzeichen haben eine ungefähre Aufenthaltsdauer von zwei Stunden am östlichen Horizont.

Genau gegenüber dem Aszendenten, der Spitze (so nennt man in der Astrologie den Anfang) des ersten Hauses, liegt der Deszendent (lat.

Der Aszendent steigt zum Zeitpunkt unserer Geburt am Horizont im Osten auf. Da die Zeichen aber nicht gleichmäßig lang am Himmel stehen, gibt es z. B. weniger Menschen mit Aszendent Fische als Jungfrau, welcher in unseren Breiten stark vertreten ist.

Einführung

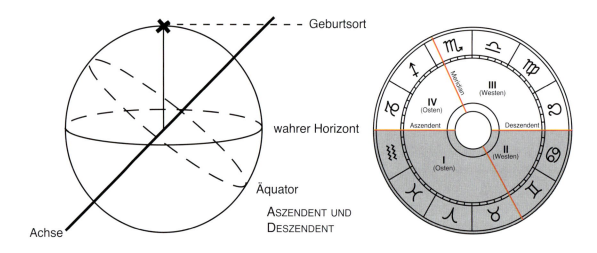

ASZENDENT UND DESZENDENT

descendere = absteigen), die Spitze des siebten Hauses. Durch diese Ost-West-Linie wird das Horoskop in eine obere und in eine untere Horoskophälfte geteilt.

Der Medium Coeli oder die Mittagslinie (MC) steht senkrecht auf dem Geburtsort. Er ist die Linie, an der sich täglich zu Mittag die Sonne einstellt, also Süden, und bildet die Spitze des zehnten Hauses. Ziehen wir eine Linie vom MC zum gegenüberliegenden Imum Coeli (IC), dem Mitternachtspunkt, so schneiden wir das vierte Haus an. Mit dieser Linie teilen wir das Horoskop in eine östliche und in eine westliche Hälfte. Das Horoskop wird also durch die beiden Hauptachsen von AC nach DC und von MC nach IC in vier Quadranten geteilt, deren Größe sehr unterschiedlich sein kann.

Die Häuseraufteilung entsteht durch den Tageszyklus von 24 Stunden. Daher stimmt diese Aufteilung so gut wie nie mit den »natürlichen« Häusern überein, weder vom Tierkreiszeichen noch von der Gradzahl her.

Aufteilung in Quadranten

Zur raschen Orientierung können wir an der Stellung der Sonne in den Quadranten ganz leicht erkennen, um welche Uhrzeit jemand geboren ist: Hat jemand seinen ersten Schrei zwischen Sonnenaufgang und Mittag getan, steht die Sonne im vierten Quadranten, zwischen 12 Uhr Mittag und Sonnenuntergang steht die Sonne im dritten Quadranten, zwi-

Die Häusergröße

schen Sonnenuntergang und Mitternacht im zweiten Quadranten und zwischen Mitternacht und Sonnenaufgang im ersten Quadranten.

Nachdem der MC die Mittagslinie, also 12 Uhr ist und der IC Mitternacht repräsentiert, könnte man davon ausgehen, dass Sonnenaufgang und Sonnenuntergang ebenfalls 12 Stunden auseinanderliegen, also gleichbedeutend mit 6 Uhr und 18 Uhr sind. Es ist dabei aber zu bedenken, dass sie sich mit den Jahreszeiten verschieben.

Die unterschiedliche Größe der Quadranten erklärt sich so: Die Erde dreht sich gegen den Uhrzeigersinn (also in der Reihenfolge der Tierkreiszeichen) im Laufe von 24 Stunden einmal um ihre eigene Achse – und mit ihr auch MC und AC –, während der Tierkreis unverändert bleibt. Auf der Erde selbst würden zwar MC und AC senkrecht aufeinander stehen, aber die Neigung der Erdachse (ein nahezu unveränderter Winkel von 66°33') bringt es mit sich, dass die beiden Linien im Tierkreis nicht immer 90 Grad (also einen rechten Winkel) betragen. Daraus ergibt sich auch die ungleiche Größe der »persönlichen« zwölf Häuser, die sich den beiden Hauptachsen unterordnen. Jeder Quadrant beherbergt drei Häuser, jeweils die gegenüberliegenden sind gleich groß.

Die Gradzahl, bei der ein »Haus« beginnt, wird mit einer Linie zur Horoskopmitte markiert und gegenüber fortgesetzt. Daraus ergibt sich, dass alle gegenüberliegenden Häuser gleich groß sind. Den Häuserbeginn nennt man »Spitze« oder »Anschnitt«.

DIE VIER QUADRANTEN

Die Entstehung eines Horoskops

Im Grunde kenne ich niemanden mehr, der ein Horoskop per Hand berechnet, der Computer übernimmt heute diese Aufgabe. Trotzdem sollte dieser Vorgang eingeübt werden, und zwar aus zwei Gründen: Erstens, um zu verstehen, was da überhaupt berechnet wird, und zweitens, um einem Computerabsturz gelassen entgegensehen zu können.

Die Erfahrung hat gezeigt, dass ausländische Ämter bei Auskünften über Geburtszeiten fast immer sehr kooperativ sind. Ein kurzer Brief, ruhig auch in deutscher Sprache, führt meist schon zum Erfolg.

Grunddaten

Zur Erstellung eines Horoskops benötigen wir – ob mit oder ohne Computer – als Erstes drei Angaben: den Geburtstag, eine möglichst genaue Geburtszeit und den Geburtsort. Wird das Horoskop nicht per Computer erstellt, benötigen wir darüber hinaus Häusertabellen, mit denen die Häuserspitzen bestimmt werden, und Ephemeriden, aus denen die Planetenstände abgelesen und eingetragen werden.

Geburtszeit

Die Geburtszeit ist leider nicht immer auf der Geburtsurkunde vermerkt, meistens verfügen aber die zuständigen, auch ausländischen Standesämter über diese Information.

Die Welt ist in eine gewisse Anzahl von Zeitzonen eingeteilt, meist im Abstand von einer Stunde. Die Mitteleuropäische Zeit (MEZ) entspricht 15 Grad östlich von Greenwich, was eine Verschiebung zur Greenwichzeit von 60 Minuten mit sich bringt. In vielen Ländern gibt es außerdem die Sommerzeit, d.h. dass während der Sommermonate die Uhr eine Stunde vorgestellt wird. Diese Verschiebung muss natürlich ebenfalls berücksichtigt werden. Wird nun ein Horoskop selbst berechnet, so muss erst die Greenwichzeit (GMT) ermittelt werden, weil die Planetenstände in den Ephemeriden darauf abgestimmt sind. Ferner muss die Sternzeit für die Häusereinteilung ermittelt werden. Dies alles ist nicht so schwierig, wie es im ersten Moment klingt. Bei der Ermittlung der Sternzeit zur Bestimmung der Häuser wird erst die Mitternachtszeit aus den Ephemeriden entnommen, danach die Länge (Zeitintervall) angeglichen. Hier gilt: Liegt der Ort östlich von Greenwich, so werden pro Grad 4 Minuten hinzugezählt, westlich davon werden 4 Minuten pro Grad abgezogen.

Bestimmung des Geburtsortes

Bei der Erstellung eines Horoskops mit dem Computer muss man sich über die Geburtsortbestimmung keine Gedanken machen, das leistet das Programm ganz von selbst. Dieser kleine Exkurs dient aber vor allem dazu, die ausgedruckten Angaben auf einem Computerhoroskop richtig zuzuordnen. Folgendes ist dabei zu beachten:

Der Geburtsort wird durch seine geografische Länge und Breite bestimmt. Unsere Erde hat einen Umfang von etwa 40.000 Kilometern. Sie ist in 360 Längengrade eingeteilt, gebildet von 180 Kreisen, die am Äquator gleichmäßigen Abstand voneinander haben und sich am Nord- und Südpol schneiden. Es gibt daher 180 Längengrade östlich und 180 Längengrade westlich vom Längengradkreis Null, der unter anderem durch Greenwich geht. Wir finden daher in den Horoskopdaten immer die Angabe O für Ost oder W für West, wobei sich unser Standpunkt östlich von Greenwich befindet.

Zur genauen Bestimmung einer Ortslage wurde die Erde vom Äquator zum Nord- und zum Südpol in je 90 Breitengrade eingeteilt. Um den Äquator liegt also der Breitenkreis Null. Der Äquator teilt unsere Erde in eine nördliche und eine südliche Halbkugel; N für Nord entspricht also unseren Breiten. Wenn zur Bestimmung des Geburtsortes keine entsprechende Computerdatei zur Verfügung steht, so können die Koordinaten in jedem Atlas nachgelesen werden. Handelt es sich um einen kleinen Ort, der nicht verzeichnet ist, so nimmt man die Daten der nächstgrößeren Stadt. Das bedeutet keine Ungenauigkeit: Die Unterschiede sind meist so geringfügig, dass sie nicht ins Gewicht fallen.

Tag, Zeit und Ort eines bestimmten Ereignisses sind die Grunddaten für die Horoskoperstellung. Planetenstände werden den Ephemeriden entnommen, die Häuserspitzen kann man aus Häusertabellen ablesen.

Einteilung in Häuser

Das Koch-Häusersystem teilt die Rotationszeit des Aszendenten und stützt sich somit auf den genauen Geburtsort, das Placidus-Häusersystem arbeitet mit der Teilung der Rotationszeiten des Himmelsäquators, um die Häuserspitzen zu ermitteln. Es hat daher in Polarnähe seine Schwächen.

Bei der Betrachtung eines Horoskops fällt uns die Einteilung in vier Quadranten zu je drei Häusern auf. Die zwölf Tierkreiszeichen werden, wie vorher angeführt, durch die Bewegung der Erde um die Sonne innerhalb eines Jahres bestimmt, die zwölf Häuser hingegen durch die 24-stündige Erdrotation.

Dazu wird die ganze Himmelskugel um den Erdort in zwölf Abschnitte eingeteilt. Diese Felder werden nun in den Himmel hinausprojiziert, und ihre Grenzflächen schneiden an bestimmten Stellen den Tierkreis. Am Äquator sind sie noch gleich groß, aber durch die schräg liegende Ekliptik (sie schneidet den Himmelsäquator in einem Winkel von ca. 23,5 Grad) ergeben sich erhebliche Größenunterschiede. Ekliptik nennt man die Schnittlinie, in der die Ebene der scheinbaren Bahn der Sonne um die Erde die Himmelssphäre kreuzt. Erarbeitet wurde diese mathematische Methode der Häuseraufteilung von Regiomontanus (eigentlich Johannes Müller), einem der bedeutendsten Astronomen und Astrologen des 15. Jahrhunderts (1436 – 1476). Placidus de Titis, ein italienischer Astrologe (1603 – 1668), hat sie verfeinert.

Es gibt noch andere Methoden der Häuseraufteilung, die bekanntesten sind die Methode nach Koch und die equale Methode, nach der alle Häuser gleich groß sind, nämlich 30 Grad betragen. Computerprogramme bieten immer eine Wahlmöglichkeit der verschiedenen Systeme an. Die Horoskope in diesem Buch sind nach dem Placidus-Häusersystem erstellt.

Planetenstand

Wollen wir ein Horoskop selbst berechnen, so brauchen wir als letzte »Zutat« die so genannten Ephemeriden. In diesen Tabellen sind die täglichen Planetenstände für den Mittag in Greenwich eingetragen, welche dann in das Horoskop übertragen werden. Sie sind aber auch sehr nützlich, wenn man sich einen raschen Überblick über momentane Gestirnstände bzw. -verläufe verschaffen will, wie beispielsweise bei der Arbeit mit Transiten.

Natürlich wirft der Computer bei der Horoskoperrechnung die Stellung der Planeten zum gewünschten Zeitpunkt automatisch aus. Trotzdem sollte man über Umlaufzeiten Bescheid wissen, also wie lange sich welcher Planet in welchem Zeichen aufhält. Man unterscheidet:

- Direkte Planeten (rechtläufige Bewegung)
- Retrograde Planeten (rückläufige Bewegung, mit R gekennzeichnet)
- Stationäre Planeten (Phase der Richtungsänderung, mit D gekennzeichnet).

Die »persönlichen« oder »inneren« Planeten sind Sonne, Mond, Merkur, Venus und Mars, die »unpersönlichen« Jupiter, Saturn, Uranus, Neptun und Pluto. Man nennt sie auch die »äußeren« Planeten, weil sie am weitesten von der Sonne entfernt sind.

Planetenbewegungen

Die Rückläufigkeit bzw. der Stillstand sind selbstverständlich nur scheinbar. Sie erscheinen lediglich so aus dem geozentrischen, also aus dem Blickwinkel der Erde, von der Sonne aus gesehen »laufen« die Gestirne ziemlich regelmäßig.

Bei der Horoskopinterpretation wird diese Art der geozentrischen Bewegung der Planeten in Betracht gezogen. Danach gehen wir von folgenden Planetenbewegungen aus:

Sonne: hält sich ca. 30 Tage in einem Zeichen auf, läuft 1° am Tag, 30° im Monat, 360° im Jahr

Mond: hält sich ca. 2,5 Tage in einem Zeichen auf, läuft 14° am Tag, 360° im Monat

Merkur: ungefähr wie die Sonne, ist nur öfter im Jahr rückläufig, läuft max. 2° am Tag, 360° im Jahr

Venus: ungefähr wie die Sonne, nur etwas weiter entfernt, läuft max. 1,5° am Tag, 360° im Jahr

Mars: läuft ca. 0,5° am Tag, hat innerhalb von 2 Jahren eine rückläufige Periode, braucht ca. 2 Jahre für 360°

Jupiter: braucht ca. 1 Jahr für 30°, hat jährlich eine rückläufige Phase, läuft 0,14° am Tag, braucht ca. zwölf Jahre für 360°

Saturn: braucht ca. 2,5 Jahre für 30°, hat jährlich mindestens eine rückläufige Phase, läuft 0,7° am Tag, braucht ca. 7 Jahre für 90°, ca. 28 Jahre für 360°

Uranus: braucht ca. 7 Jahre für 30°, jährlich rückläufig, geht 0,4° am Tag, 4,30° im Jahr, ca. 21 Jahre für 90°

Neptun: braucht ca. 13,5 Jahre für 30°, lange rückläufige Zeiten, geht 0,2° am Tag, 2,3° im Jahr, braucht ca. 40 Jahre für 90°

Pluto: geht 1 bis 2° im Jahr, berührt aber 4°, lange Rückläufigkeit.

> Sonne und Mond sind die persönlichsten Lichter und haben – mit all ihren Verbindungen zu anderen Planeten – die größte Bedeutung im Horoskop. Saturn, Uranus, Neptun und Pluto heißen auch »gesellschaftliche« Planeten, weil sie als Langsamläufer für eine ganze Generation Gültigkeit haben.

Praktische Berechnung

Geburt am 4. Juni 1974, 10.45 Uhr, München

- Die Geburtszeit in Stunden/Minuten/Sekunden   10.45.00
- Die Berücksichtigung des zeitlichen Unterschiedes zwischen München und Greenwichzeit (15° = 60 Min.) ergibt den Wert   -1.00.00
- GMT ist daher   9.45.00.

Diese Greenwichzeit (GMT) wird bei der Aufzeichnung der Planetenstände zugrunde gelegt, die aus den Ephemeriden abgelesen werden und mit Ausnahme des Mondstandes übernommen werden können. Da die Ephemeriden jeweils für null Uhr erstellt sind, muss der Mondstand an die Geburtszeit angeglichen werden. Die tägliche Bewegung von 14 Grad ergibt eine stündliche Bewegung von 0,58 Grad. Diese wird mit der Anzahl der Tagesstunden multipliziert, das Ergebnis zum mitternächtlichen Ephemeridenstand des Mondes dazugezählt.

- Nun die Errechnung der Ortssternzeit. Der Ausgangspunkt ist unsere errechnete Greenwichzeit von   9.45.00
- Die Sternzeit für den 4. Juni 1974 Mitternacht, abgelesen aus den Ephemeriden, lautet   +16.48.13

Errechnete Häuserspitzen

- Bestimmung der Zeitentsprechung der geografischen Länge. München liegt auf 11°34'30" östlich von Greenwich.
- Da 1 Grad Entfernung 4 Minuten entspricht, lautet die Rechnung: 11° 34,5 x 4 = 67 Minuten: +1.07.00
- Ortssternzeit der Geburt 27.40.13
- Da ein Tag aber nur 24 Stunden hat, werden diese 24.00.00
  einfach abgezogen. Die Ortssternzeit lautet daher 3.40.13

Nun suchen Sie die Spalte der Häusertabelle auf, in der der Breitengrad des Geburtsortes vermerkt ist, und nehmen aus der Sternzeit-Spalte die Zeitangabe, die der errechneten Ortssternzeit am nächsten kommt. In der gleichen Zeile finden Sie dann die Positionen der Häuserspitzen.

Die abgelesenen Häuserspitzen gelten jeweils auch für das gegenüberliegende Haus. Wenn beispielsweise das zweite Haus bei 16 Grad im Zwilling beginnt, so liegt die Spitze für das achte Haus bei 16 Grad Schütze.

Stefan	04.06.1974 10:45:00 MEZ	
München	011:34:30 0 48:08:20 N	09:45:00 GMT

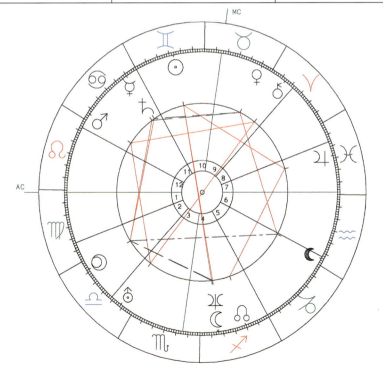

19

Die vier Elemente

Die vier Elemente Feuer, Erde, Luft und Wasser sind je dreimal vertreten. Sie verdienen insofern Beachtung, als sie bereits eine bestimmte Grundstimmung angeben, sie sagen, auf welche Weise jemand sein Weltbild aufbaut. Heute wird diese Aussage manchmal zu Unrecht vernachlässigt, ich möchte den Blick daher wieder verstärkt auf die vier Elemente richten. Nicht umsonst sagt man landläufig, wenn sich jemand sichtlich wohl fühlt: »Jetzt ist er in seinem Element«. Allein die unterschiedliche Wirkungsweise der Sonne in den Elementen sagt schon sehr viel aus. Eine Sonne in einem Wasserzeichen wird sicherlich nicht der Art von Energie und Vitalität entsprechen, wie sie die Sonne in einem Feuerzeichen zeigt.

In einem Feuerzeichen wird sich ein Planet immer vital zeigen, in den Erdzeichen kommt die praktische Seite eines Planeten zum Tragen.

Das Feuerzeichen – die Aktion

Widder, Löwe und Schütze sind physikalisch »warme, trockene« Charaktere und dem cholerischen Temperament zuzuordnen. Dies bedeutet körperlich schnelle und starke Reaktion, rascher Energieeinsatz, geistig aktive Erkenntniskraft. Weitere Entsprechungen: spontan, aufbrausend, sprunghaft, begeisterungsfähig, optimistisch, ungeduldig, unpraktisch.

Hat jemand die Sonne in einem Feuerzeichen stehen, so setzt er sich in irgendeiner Form mit »Vitalität« auseinander: Es brennt ein Feuer in den Muskeln (Widder/Mars), im Herzen (Löwe/Sonne) und im Kopf (Jupiter/Schütze).

Die Lebensfrage lautet: Wie fühle ich mich lebendig?

Das Erdzeichen – die Reaktion

Stier, Jungfrau und Steinbock bezeichnet man physikalisch als »trocken und kalt«, sie entsprechen dem melancholischen Temperament. Dies bedeutet körperlich langsame, aber starke und nachhaltige Reaktion, geistig Zweifel und Kritik. Weitere Entsprechungen: vorsichtig, verlässlich, praktisch, nicht sehr phantasievoll, aber unentbehrlich.

Feuer, Erde, Luft und Wasser

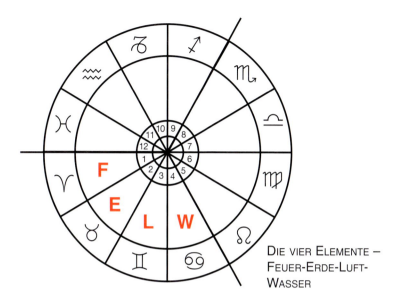

DIE VIER ELEMENTE – FEUER-ERDE-LUFT-WASSER

Stehen die Sonne oder besonders viele Planeten in einem Erdzeichen, so können Sachzwänge entstehen: »Zu wenig Materie« (Stier/Venus), »Das scheint mir nicht vernünftig« (Jungfrau/Merkur), »Nein, das ist verboten« (Steinbock/Saturn).

Die Lebensfrage lautet: Wie möchte ich in der materiellen Welt leben?

Das Luftzeichen – die Idee

Zwillinge, Waage und Wassermann werden physikalisch als »warm und feucht« dargestellt und repräsentieren das sanguinische Temperament. Körperlich heißt das schnelle, lebhafte, aber nicht nachhaltige Reaktionen, geistig schnelle Aufnahmebereitschaft, Empfänglichkeit und geistige Beeindruckbarkeit. Weitere Entsprechungen: geistige Arbeit, Erkenntnis und Kommunikation, Gedächtnis und Wissen.

Steht die Sonne in einem Luftzeichen oder liegt eine Betonung der Luftzeichen vor, so ist man auf der Suche nach der Idee des Schöpfers (Wassermann/Uranus), muss zum Ideenaustausch in die Begegnung (Waage/Venus) und lernt die Vielfalt kennen (Zwilling/ Merkur).

Die Lebensfrage lautet: Was ist meine Idee, die ich umsetzen möchte?

Steht ein Planet in einem Luftzeichen, so werden die Planetenkräfte in Gedanken umgesetzt; in den Wasserzeichen lässt sich ein Planet von seinen Empfindungen leiten.

Das Wasserzeichen – die Ahnung

Krebs, Skorpion und Fische schließlich werden als »wässrig, feucht und kalt« bezeichnet und entsprechen dem phlegmatischen Temperament. Die körperliche Reaktion ist demgemäß langsam und schwach, geistig fördert dieses Temperament aber die Phantasie und dasEinfühlungsvermögen. Weitere Entsprechungen: stimmungsabhängig, emotional, mitfühlend, feinfühlig, phantasievoll, spirituell. Die Planeten bedeuten Folgendes:
Krebs/Mond: Identität mit meinem Gefühl, mit dem Hier und Jetzt, Skorpion/Pluto: Identität mit der Vergangenheit (oder Karma), Fische/Neptun: Identität mit dem Ganzen.
Die Lebensfrage lautet: Was ist meine Identität?

Aszendent und Elemente

Unser Aszendenten-Zeichen ist im Horoskop von ganz besonderer Bedeutung. Es zeigt die instinktive Eigenart, die Anlage, mit der wir in die Welt hinausgehen; es offenbart, wie wir die Welt wahrnehmen. Und auch hier spielt das Element bereits eine bedeutende Rolle. Denn es erzählt, ob wir uns mehr von Empfindungen und Gefühlen (Wasserzeichen) leiten lassen oder von Pragmatik und Realismus (Erdzeichen), von Gedanken und Einfällen (Luftzeichen) oder von Vitalität und Überschwang (Feuerzeichen).

Je nachdem, in welchem Element Ihr Aszendent steht, nehmen Sie die Welt anders wahr: Entweder Sie folgen Ihren Gefühlen (Wasser), oder Sie haben eine realistische Einstellung (Erde), vielleicht sprühen Sie vor Ideen (Luft), oder Ihr Tatendrang ist nicht zu bremsen (Feuer).

Planeten in den Elementen

Bei einem Planeten in einem **Feuerzeichen** rückt die Handlung in den Vordergrund; dort neigt der Mensch auch zu Ungeduld und Verausgabung. Ein Planet in einem **Erdzeichen** steht für Verlässlichkeit und Praxisbezogenheit. Allerdings wird hier oft die Phantasie unterdrückt. Bei Planeten in den **Luftzeichen** steht die geistige Arbeit, das Planen und Denken im Vordergrund, aber auch das Kühle und Ferne. Ein Planet in einem **Wasserzeichen** steht für Mitgefühl, Feingefühl und Spiritualität. Allerdings können hier auch emotionale Grenzenlosigkeit und Sentimentalität zum Problem werden.

Die Elemente als Pflanze

Vergleicht man die vier Elemente mit einer Pflanze, so ist die Luft der Blüte gleichzusetzen. Assoziationen wie »Blüten treiben wie Ideen« und »die Gedanken sind frei« liegen nahe. Die Leichtigkeit der Luftzeichen erinnert an zarte Blüten, deren Widerstandsfähigkeit sich bei Sturm offenbart. Das bedeutet, dass die Beständigkeit und Brauchbarkeit von Ideen und Gedanken sich im »Sturm des Lebens« offenbart.

Das Element Feuer ist die Frucht: Der Gedanke an die Blüte, die Idee der Blüte wird in vitale Form gebracht. Das heißt, das Feuer ist das kreative Umsetzen von Gedanken und Ideen.

Das Element Erde ist sinnbildlich die Wurzel. Sie steht nicht im Rampenlicht wie Blüte und Frucht, sie ist sozusagen die graue Eminenz im Hintergrund, ohne die es die Pflanze nicht gäbe. Damit ist gemeint, dass erst die beständige und bodenständige Praxisbezogenheit dafür sorgt, dass ein Vorhaben zu Ende gebracht wird.

Das Wasser schließlich stellt die Blätter dar: Die Blätter sind für Gasaustausch und Transpiration zuständig, Energie wird umgewandelt und transformiert. Die Wasserzeichen sorgen dafür, dass wir durch Emotionalität, Phantasie und Spiritualität unser Bewußtsein erweitern und uns wandeln.

Die Verträglichkeit der Elemente

Je nachdem, in welchen Elementen jemand seine Planeten hauptsächlich verteilt hat, sagt dies zum einen schon eine ganze Menge darüber aus, wie er der Welt begegnet, und zum anderen, wie er mit sich selbst umgeht. Das Gleiche gilt für die Zusammensetzung der Elemente von Aszendent und Sonnenzeichen, den beiden wichtigsten Antriebsfedern unseres Seins.

Feuer und Luft können eine sehr unruhige, explosive Mischung sein mit plötzlichen Energieschüben, die an die inneren Reserven gehen.

Die Verbindung von **Feuer und Erde** im Horoskop ist ein vitales Kraftpaket aus Energie und Festigkeit, wobei zu viel Festigkeit als Schattenseite auch Selbstgefälligkeit verursachen kann.

Die Verteilung der Elemente in einem Horoskop sagt viel über unseren Typ aus: Beispielsweise fließen bei einem Menschen mit einer starken »Wasser«-Betonung viel rascher die Tränen als bei einem »erdigen« Typ, der sehr viel mehr Wert auf Vernunft und (Selbst-)Kontrolle legt.

Die Verbindung von **Feuer und Wasser** gibt naturgemäß Dampf, und dieser hat bekannterweise keine feste Struktur. Das gilt auch im übertragenen Sinn.

Die Elemente **Luft und Erde** lassen sich nicht vermischen, daher werden sie am besten so gehandhabt, wie sie sich in der Natur darbieten, nämlich eins nach dem anderen: Erst wird gedacht, dann gehandelt.

Luft und Wasser lassen vermuten, dass es sich um eine womöglich zartpoetische Kombination handelt: die Füße im Wasser und den Kopf in den Wolken.

Die **Erde- und Wasser**-Verbindung im Horoskop ergibt den fruchtbaren Urschlamm, aus dem das Leben seine Gestalt erhielt, kann aber auch alle Bewegung in einem zähen Brei zum Erliegen bringen.

Wie in einem Horoskop die Elemente verteilt sind, so ist auch der Typus: Ein luftbetonter Typ denkt meist ausführlich, bevor er handelt, im Gegensatz zum »feurigen« Typ, bei dem es schon mal umgekehrt sein kann!

Grundfunktionen nach C.G. Jung

In seiner Typologie unterschied Jung vier Grundfunktionen der menschlichen Psyche, die klare Analogien zu den vier Elementen in der Astrologie aufweisen:

- Element Feuer: der intuitive Typus
- Element Erde: Empfindungstypus
- Element Luft: Denktypus
- Element Wasser: Fühltypus.

Nach den Erkenntnissen Jungs sind diese vier psychischen Funktionen in jedem Menschen angelegt, allerdings in unterschiedlicher Ausprägung. Die ausgeprägteste Form bezeichnet er als »Hauptfunktion«, die beiden darauf folgenden nennt er »Hilfsfunktion«, und das letzte, nur unterentwickelt vorhandene Element bezeichnet er als inferior (minderwertig), da es meist nicht bewusst zum Ausdruck kommt. Dieses nicht zur vollen Entfaltung gelangende Element zeigt sich in Form von zwanghaften, unkontrollierbaren Äußerungen und wird zudem häufig auf andere Menschen oder Situationen projiziert. Das bedeutet, dass es uns meist im Außen begegnet, und zwar entweder als Feindbild oder als Ergänzung in einer Partnerschaft (siehe Seite 31f., Häuserinhalt Haus 7).

Grundfunktionen der Psyche

Claudia Schiffer	25.08.1970 12:10:00 MEZ	
Düsseldorf	006:47:00 0 51:12:00 N	11:10:00 GMT

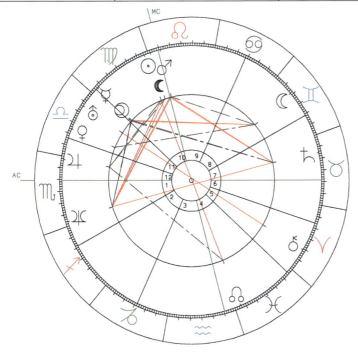

Beispiel
Da – ein wenig vereinfacht ausgedrückt – die Sonne für die Art steht, wie jemand handelt, und der Mond dafür, wie jemand fühlt, ergibt also die Kombination, wie Handlung und Fühlen zueinander stehen. Die Sonne im oben stehenden Horoskop steht in der Jungfrau, einem Erdelement. Das bedeutet, dass das Handeln praxisbezogen und vernünftig ist (Erdelement), ohne Skandale und unüberlegte Handlungen. Der Mond, welcher im luftigen Zeichen des Zwillings steht, deutet darauf hin, dass dieser Mensch seine Gefühle (Mond) meist dem Denken (Luftzeichen) unterordnet, über gute Beobachtungsgabe und über einen »gesunden Menschenverstand« verfügt. Bei Gemütsentscheidungen verwirrt unter Umständen die Vielfalt der Aspekte.

Für einen Schuss geheimnisvoller Ausstrahlung sorgt einerseits der Aszendent im Wasserelement Skorpion, andererseits Neptun (ebenfalls ein Wasserzeichen), welcher im ersten Haus steht. Die Verbindung von Aszendent und Planeten in Haus 1 beeinflussen unser Erscheinungsbild.

Die zwölf astrologischen Prinzipien

Wir können unsere Anlagen nur so entwickeln, wie der AC es will: Sind wir z. B. von der Anlage her ein Johanniskraut, so können wir nie eine Rose werden. Wenn wir aber das beste Heilkraut auf unserer Erde sein möchten, so haben wir alle Trümpfe in der Hand.

Wir kommen nun zu den astrologischen Häusern, den wichtigsten Prinzipien der Astrologie. Das Tierkreiszeichen des ersten Hauses ist gleichzeitig unser Aszendent, der Beginn im Horoskop repräsentiert den Beginn unseres Lebens. Der Aszendent zeigt uns, auf welche Art und Weise wir auf die Welt mit unserem Instinkt reagieren. Er ist unsere Grundanlage, er repräsentiert unsere angeborenen Triebe und Reflexe, jenseits von Gefühl und Intellekt.

Der Aszendent (AC)

Der Aszendent ist also die Art, wie jemand instinktiv an eine Sache herangeht, ohne nachzudenken. Er ist erst einmal etwas ganz und gar Unbewusstes für uns. Im Lauf des Lebens beginnen wir zu begreifen, wie wichtig es ist, seine Anlagen zu kennen und auch die Anlagen anderer Menschen, die von den eigenen so verschieden sein können.

Das Aszendenten-Zeichen färbt das marsische Prinzip des ersten Hauses. Steht ein Aszendent beispielsweise im Zeichen der Fische, so geht es zwar nach wie vor um die Belange des ersten Hauses, also beispielsweise die Durchsetzung, aber diese Durchsetzung geschieht nach der Art eines Fisches: Entweder er träumt sein Leben lang davon, sich durchzusetzen, oder er sieht zu, dass er den Anforderungen aus dem Weg gehen bzw. schwimmen kann. Da das erste Haus auch die körperliche Erscheinung repräsentiert, findet man bei Fische-Aszendenten sehr oft die für sie »typischen« großen, immer leicht feuchten Augen. Steht im ersten Haus, speziell in Aszendenten-Nähe, zusätzlich noch ein Planet, so färbt dieser die Anlagen mit. Denn alles, was im ersten Haus steht, wirkt sich unmittelbar auf uns aus.

Häuser und Planeten

Haus 1: Widder/Mars

Themen: Äußere Erscheinung, Konstitution, Persönlichkeitskern, der angeborene Ich-Trieb, Impuls als instinktives Reagieren, Selbstbehauptung und Durchsetzung (um Triebbedürfnisse zu befriedigen). Dieses Prinzip steht einerseits für energische Durchsetzung und für ein großes Energiereservoir, andererseits aber auch für geringes Durchhaltevermögen, da die Anfangsenergie rasch verpufft ist.

Im ersten Haus ist zu finden, wie man etwas beginnt, über welche Art von Lebensenergie jemand verfügt, wie man mit Aggression umgeht, also wie ausgeprägt dieser Trieb ist, ob sie nach außen oder gegen uns selbst gerichtet ist usw.

Das Widder-Prinzip ist auch die Pionierarbeit, weil es da seine Stärken hat, wo es um das Ergreifen von Initiativen geht.

Fragen an Haus 1: Was für ein Wesen bin/habe ich? Wie gehe ich in die Welt hinaus? Auf welche Art und Weise setze ich mich durch? Was treibt mich an?

Haus 2: Stier/Venus

Themen: Abgrenzung und Eigenraum, Eigenwert und Wertvorstellungen, Genussfähigkeit, Art der Etablierung in der »Herde«.

Im zweiten Haus sind die materiellen Werte zu finden bzw. der Umgang mit Besitz und Finanzen, wie man seine Existenz absichert, aber auch wie man sich abgrenzt, also auch, ob Revierübertritte eine Rolle spielen. Das Stier-Prinzip sagt, was für jemanden im Leben Wert hat. Neidgefühle wären ein Hinweis auf ein »verletztes« Stier-Prinzip. Im zweiten Haus ist die bewahrende Seite der Venus zu finden, dieser an sich positive Einfluss bedeutet aber auch, dass manchmal etwas zu sehr festgehalten wird. Stier/Venus verwechselt oft Wert haben mit wert sein, d. h. dass man nur etwas »ist«, wenn man etwas »hat«. Besitz spielt also eine große Rolle. Das Prinzip dieses Hauses ist nicht besonders flexibel, hat dafür aber den Vorteil der Beständigkeit.

Da es sich hier auch wieder um ein »Prinzip« handelt, kommt dieser Aussage nun folgende Bedeutung zu: Das Lebensgebiet, das vom Tierkreiszeichen Stier angeschnitten ist, ist wahrscheinlich das Gebiet, auf dem dieser Mensch am beständigsten ist und sich entsprechend am sichersten fühlt. Ebenso bekommt die Stier-Venus in dem Haus, in dem sie steht, eine gewisse Beständigkeit.

Fragen an das zweite Haus: Was ist für mich wertvoll? Was habe ich, und was will ich haben? Was vermittelt mir Sicherheit?

Haus 3: Zwilling/Merkur

Die Themen dieses Hauses sind: Körperliche Fähigkeiten und Geschicklichkeit, intellektuelle und technische Fähigkeiten, Kommunikationsfähigkeit und Selbstdarstellung.

Dort ist die Art der Wissensaufnahme und -verwendung zu finden und die verschiedenen Arten der Kommunikation wie Schreiben, Sprechen, Gebärden. Es ist das Haus der Medien. Bei entsprechender Betonung des dritten Hauses finden wir dort oft Berufe, die in diese Richtung weisen: Journalismus, lehren, schreiben usw. Eine Problematik dieses Prinzips ist die Zersplitterung infolge einer Interessenvielfalt oder aber eine völlige Sprachlosigkeit bei einem verletzten Zwillingsprinzip.

Fragen an das Haus 3: Was will ich anderen (von mir) zeigen? Wie drücke ich mich in Sprache, Schrift und Gebärde aus? Wie stelle ich mich nach außen hin dar?

Haus 4: Krebs/Mond

Die Themen dieses Hauses sind: Herkunft, Familie, innere und äußere Heimat, aber auch die eigene seelische Identität und die Wohnung; Mütterlichkeit, Natur.

Das Haus 4, der IC, ist das wichtigste Bedürfnis, das eingelöst werden muss. Es steht für unsere tiefsten Empfindungen bzw. wofür wir Empfindungen haben. Es bildet unseren seelischen Urgrund und gibt Aufschluss über die Art unseres emotionalen Antriebs. Das vierte Haus beschreibt, wie wir als Kind die häusliche Atmosphäre empfunden haben, gibt aber auch Auskunft darüber, mit welcher Art von Umgebung wir heute am meisten im Einklang sind (wären). Bei einem verletzten Krebs/Mond-Prinzip ist oft entweder ein gefühlsmäßiger Rückzug zu beobachten oder aber die Tendenz, das eigene Gefühl zum Dogma zu machen. Das vierte Haus sagt auch etwas aus über die zweite Lebenshälfte. Wir finden im vierten Haus unsere tiefsten Gefühle, Bedürfnisse und Motivationen – und diese kommen eben meistens erst in der zweiten Lebenshälfte zum Vorschein.

Abgesehen von unserem Heimatland, der Tradition und der Herkunftsfamilie im Allgemeinen ist die Achse 4/10 den Eltern zugeordnet. Es herrscht Uneinigkeit darüber, welches Haus nun dem Vater und welches der Mutter zugeordnet wird. Ich schließe mich der Meinung Sasportas an, der den, wie er es nennt, »formenden Elternteil« im zehnten Haus sieht (dort ist auch die Gesellschaft) und den eher verborgenen Elternteil im vierten Haus. Dieses Thema ist aber meiner Meinung nach äußerst sensibel zu behandeln, denn darüber hinaus ist meist der Mond das Mutterbild und die Sonne das Vaterbild. Aussagen über die Eltern kann man nur im Gespräch treffen, wenn man herausfinden kann, wie welcher Elternteil empfunden worden ist.

Fragen an das vierte Haus: Was fühle ich in mir? Wie/wo fühle ich mich sicher und geborgen? Womit identifiziere ich mich? Wie nehme ich mich selbst wahr?

Wenn Helios, der Sonnengott der Griechen, morgens von Eos, der Morgenröte, geweckt wird, spannt er seine Pferde an und lenkt den Sonnenwagen über den Himmel dem Westen zu. Nachts fährt er auf dem Okeanos, dem Strom, der um die ganze Welt fließt, in seiner Fähre wieder zurück.

Haus 5: Löwe/Sonne

Die Themen dieses Hauses sind: Kreativität, Vergnügen, Spiel, Sexualität, Selbstständigkeit.

Das fünfte Haus entspricht dem Löwen/Sonnen-Prinzip und ist daher besonders wichtig zu nehmen. Denn die Sonne will glänzen und strahlen – jeder ist ein ganz unverwechselbarer, besonderer Jemand. Im fünften Haus geht es um die persönliche Selbstverwirklichung, dort ist der Lebenstrieb zu finden, unsere Art der Vitalität und des Handelns, unsere geistigen und körperlichen Kinder. Dort wird auch etwas darüber verraten, wie es um unsere Lebenslust bestellt ist, welcher Art unser Selbstvertrauen ist. Ob wir prahlen müssen, um zu bestehen, ob wir handlungsfähig und tatkräftig sind, ob wir schöpferisch sein können, wie

Der Götterbote Merkur wird in der griechischen Mythologie Hermes genannt. Der Vermittler zwischen den Menschen und Göttern mit dem geflügelten Helm und Flügeln an den Schuhen ist bekannt für seine Schläue, Geschicklichkeit und seine Geistesgegenwart. Er ist der Gott der Journalisten, Handwerker, Händler und Diebe.

wir Pläne in die Realität umsetzen. Und während ein Mensch mit Mars im fünften Haus wahrscheinlich gerne spielt und Spaß an schönen Liebeserlebnissen hat, so hat sicher ein fünftes Haus im Steinbock eine spröde oder gehemmte Einstellung zu Spiel und Spaß in jeder Form.

Fragen an das Haus 5: Womit will ich glänzen? Was will ich ausleben? Wie handle ich? Was bereitet mir Vergnügen?

Haus 6: Jungfrau/Merkur

Die Themen des sechsten Hauses sind: Seelischer Ausdruck, alltägliche Arbeit (womit wir uns beschäftigen), Auseinandersetzung mit Gesundheit und Krankheit, Pflege und Reinigung von Seele und Körper; das Nutzungsprinzip.

Im sechsten Haus geht es um Beobachtung und Analyse, was einerseits eine wunderbare Gabe sein kann, andererseits auch zu der berüchtigten Kritiksucht führen kann.

Eine andere Thematik dieses Hauses ist die Anpassung an Gegebenheiten. Dieser sinnvolle Wesenszug kann sich aber ebenfalls ins Gegenteil kehren. Das Jungfrau/Merkur-Prinzip wird oft in Verbindung gebracht mit subalternen Arbeiten, mit Abhängigkeiten und dem Dienen. Dies kommt daher, weil Menschen mit einem ausgeprägten Jungfrau-Prinzip dazu neigen, im Sinne anderer zu funktionieren, sich zu sehr anzupassen, sich zu sehr unterzuordnen. In diesem Fall müssen wir lernen, zuerst einmal uns selbst zu dienen.

Im sechsten Haus geht es ganz allgemein darum, dass alles, was man zu sich nimmt, nicht nur im übertragenen Sinn, sondern auch ganz wörtlich aufgefasst, gut verdaut wird. Und so wie das sechste Haus für körperliche Hygiene steht, geht es in diesem Haus auch darum, die Seele zu reinigen. Das hilft uns, unsere Gefühle besser zeigen zu können. Im sechsten Haus machen wir sozusagen Inventur, sehen uns alles Vorhandene genau an, prüfen es, stellen es auf den richtigen Platz – nur dürfen wir dabei den Überblick auf das Ganze nicht verlieren.

Fragen an das Haus 6: Wie gut gelingt es mir, meine Gefühle zu vermitteln? Was möchte ich arbeiten, welche Tätigkeiten übe ich gerne aus? Wie gut beobachte ich? Ist mein Inneres frei von seelischem Schmutz?

Haus 7: Waage/Venus

Themen: Das Außen, die Art der Begegnungen und der Partnerschaften, geistige Interessen und Ideen, Schönheitssinn und Geschmacksfragen, aber hier zeigen sich auch die Kehrseiten, Abneigung und Ekel.

Im Haus 7 erhält man Aufschluss über seine Fähigkeit abzuwägen, auszubalancieren und zu vermitteln. Man wird dort mit den Prinzipien konfrontiert, die man in Begegnungen und Partnerschaften sucht, sowohl vom Tierkreiszeichen als auch von den im siebten Haus befindlichen Planeten her. Das bedeutet, dass einem im Außen Menschen und Dinge begegnen, die Teil von einem selbst sind. Indem sie sozusagen durch das siebte Haus zu mir zurückkommen, machen sie mich ganz, ergänzen sie mich. Jemand mit Saturn im siebten Haus sucht sicherlich eine andere Partnerschaft als jemand mit der Sonne in Haus 7.

Kritisch wird es erst dann, wenn zu viele widersprüchliche Elemente in einem Haus vorhanden sind. Eine meiner Kursteilnehmerinnen konnte ein Lied davon singen: Nicht nur, dass ihr siebtes Haus zwei Zeichen umfasst, es beherbergt auch noch vier Planeten! Sie konnte die Konstellation in der Tat nur so leben, dass sie sich hinsichtlich ihrer Partnerschaft für eine ganz bestimmte Seite entschied und alle anderen Planeten in Begegnungen mit möglichst vielen verschiedenen Menschen auslebte; sie arbeitete in einer Künstleragentur. Grundsätzlich ist das vernünftig, denn eine einzige Partnerschaft kann das Ausleben dieser vielen Planeten ohnehin nicht verkraften.

Im siebten Haus geschieht noch etwas ganz anderes. Erinnern Sie sich an die Grundfunktionen nach C.G. Jung (siehe Seite 24)? Hier, im siebten Haus, kommt das inferiore Element nochmals zur Sprache, hier findet die Begegnung mit dem Außen statt, entweder als Feindbild oder als Ergänzung in der Partnerschaft. Ein projiziertes Bild ist im Grunde ein Potenzial, das wir, wie gesagt, selbst in unserem Inneren tragen. Oft ist es aber so, dass wir genau dieses Potenzial zuerst an jemand anderem wahrnehmen und uns dann häufig einen Partner suchen bzw. auf einen Partner stoßen, der die Planetenkraft oder das Planetenprinzip für uns auslebt. Dass dies oft nicht gut geht, liegt beinahe auf der Hand. Denn

Die Liebesgöttin Venus (griech. Aphrodite) ist schön, strahlend, glühend und voll Sinnenlust, liebt das Angenehme und Schöne, beschenkt großzügig und verzeiht großmütig, ist aber auch eifersüchtig, besitzergreifend und will die totale Verschmelzung.

Die zwölf astrologischen Prinzipien

Als die göttlichen Brüder Zeus, Poseidon und Hades (Pluto) um die geteilte Macht über die Erde würfelten, fiel Hades die Unterwelt zu. Er sorgt mit Macht, Zwang und Unbarmherzigkeit dafür, dass alle Seelen erst einmal in die Unterwelt müssen, ehe sie wieder geboren werden können.

Aussicht auf Erfolg hat eine Partnerschaft meist nur dann, wenn wir die verborgenen Bereiche, die wir an uns erst nicht wahrhaben oder die wir nicht entwickeln wollen, in unser Leben integrieren und nicht Ersatz bei einem Partner suchen. Man muss ja – beispielsweise als Waage-AC oder mit Mars im siebten Haus – die Streitlust des Partners nicht als Streitlust ausleben, sondern man kann sie als tätige Initiative einsetzen; beide Komponenten sind Mars-Entsprechungen.

Fragen an das Haus 7: Was begegnet mir? Wen ziehe ich an? Welche Ausstrahlung habe ich? Welche Ergänzung suche ich? Was wollen die anderen von mir?

Haus 8: Skorpion/Pluto

Themen: Beziehungsfähigkeit, Verbindlichkeit, inneres Vorstellungsprogramm, geistiger Besitz, aber auch Dogma, Zwang, Macht (Ohnmacht), Rituale.

Das Haus 8 gibt Auskunft über die Wertesysteme, die wir von unseren Vorfahren erlernt bzw. geerbt haben, dort sind unsere Ideologien zu finden, aber auch unsere Abneigungen, unser geistiges Erbgut also. Dort müssen Konzepte und Verträge entworfen werden, dort geht es um Ehe, um die Festigung der Partnerschaft. Es gilt auch als das Haus der Erbschaften und Versicherungen, also um materielles Erbe. Dies hat mit dem »Geld der anderen« zu tun, es ist das zweite Haus der anderen. Diese Sichtweise werden wir später im Kapitel über die Achsen ausführlich kennen lernen.

Das achte Haus wird immer mit dem Tod in Verbindung gebracht. Das bedeutet aber keineswegs, dass es hier um unsere Sterblichkeit oder um realen Tod geht. In erster Linie ist damit gemeint, dass dieses Haus Aufschluss gibt über unsere Wandlungsprozesse – bei jeder Wandlung unserer Persönlichkeit muss etwas sterben, damit etwas Neues entstehen kann. Diese Sterbe- und Werdeprozesse ermöglichen uns, starre Strukturen aufzubrechen und neue Formen zu leben.

Fragen an das Haus 8: Woran binde ich mich und andere? Welche festen Vorstellungen habe ich von mir, von der Welt, von anderen? Wie erlebe ich Macht und Zwang?

Haus 9: Schütze/Jupiter

Themen: Geistige Orientierung, Sinnfindung: Was ist für mich der Sinn des Lebens? (Höhere) Bildung, Kultur, Weltanschauung, Philosophie, Religion und Glaube.
Die Art der Religion oder des Glaubens sagt uns also das neunte Haus bzw. seine Zusammensetzung. Während ein Saturn in diesem Haus einer Tradition verpflichtet ist und wahrscheinlich den strafenden Gottvater sieht, ist für einen Neptun Gott gütig und alles verzeihend. Die Verbindung von Jupiter und Neptun kann aber auch Scheinheiligkeit bedeuten! Dies bezieht sich auf den Schein des Neptun. Zur Sinnfindung ist zu sagen, dass dieses Haus natürlich auch vom fehlenden Sinn erzählen kann.

Im Haus 9 findet sich das Einsichtnehmen in andere, fremde Themen und Weltbilder und das Verständnis dafür (Toleranz). So betrifft es auch das Ausland und Auslandsreisen sowie Bildung und Kultur. Das neunte Haus vertritt mit dem Schütze/Jupiter-Prinzip unsere Expansion – auch im Sinne der Erweiterung unseres Horizonts –, unsere Fülle, Großzügigkeit und Förderung. Das bedeutet, dieses grundsätzlich expandierende Prinzip kann eben auch in Übertreibung münden.
Fragen an das Haus 9: Auf welche Weise bin ich einsichtsfähig? Wie ist meine geistige Orientierung? Worin sehe ich den Sinn des Lebens?

Das Medium Coeli (MC)

Mit dem Medium Coeli (MC) beginnt der letzte Quadrant, hier betreten wir das gesellschaftliche Parkett. Wir begegnen Recht und Gesetz und allen ordnenden Kräften, die uns als Einzelne in die Gemeinschaft einfügen. Das MC, der höchste Punkt im Horoskop, beschreibt unser Ziel im Leben und in der Gesellschaft: So möchten wir von anderen gesehen werden, und so sehen wir unsere Position in der Öffentlichkeit. Das Zeichen am Medium Coeli zeigt unsere Einstellung zu öffentlichen Dingen, zu Gesellschaft und Beruf an. Es sagt uns, wofür wir glauben, Anerkennung verdient zu haben, bzw. glauben, gesellschaftlich bedeutsam zu sein.

Der großzügige Göttervater Zeus liebt Erfolg, Glück, Zufriedenheit und Heiterkeit, er steht für Kultur, Erkenntnis und Weisheit. Er ist ein Förderer, friedliebend und voll jovialer (jupiterhafter) Güte – solange sein Führungsanspruch unangetastet bleibt!

Haus 10: Steinbock/Saturn

Themen: Maßstäbe, Ehrgeiz, Autorität, Zielsetzung, Öffentlichkeit – und unser Umgang damit, ob wir in der Lage sind, unser Leben selbst zu gestalten oder ob wir fremdbestimmt werden.

Im zehnten Haus treffen wir auf Recht, Gesetz und Ordnung, die Normen, die Spielregeln der Gesellschaft. Dies alles ist ein Korsett, das der eine als stützend, der andere als beengend empfindet. Das zehnte Haus ist auch das Haus des Berufes, aber in einem viel tieferen Sinn als die Arbeit: Es geht hier um die Berufung.

Das Steinbock/Saturn-Prinzip wertet, es teilt ein in Gut und Böse. Es verkörpert die Über- und Unterordnung (Hierarchie) sowie Gebote und Verbote. Gebote und Verbote sind aber oft nur die durch die Eltern bzw. die Gesellschaft eingepflanzten und übernommenen Regeln. Es ist sehr wichtig, diesen Mechanismus zu durchschauen, denn viele Schuldgefühle entstehen nur dadurch, dass man Verbote übertritt oder Gebote nicht erfüllt. Dies tut man wiederum deshalb, weil man sie nicht für sinnvoll erachtet, was weiter nicht verwundert, denn es sind nicht die eigenen Maßstäbe, die wir anlegen. Natürlich muss es ein gesellschaftliches Recht geben, das das Gemeinschaftsleben regelt, aber darüber hinaus haben wir mehr Freiraum, als wir oft denken. Er geht immerhin bis dorthin, wo ich die Rechte eines anderen Menschen verletze.

Steinbock/Saturn hat einen schlechten Ruf, weil unter diesem Prinzip die strengen Lehrmeister, die Maßregler, Richter, Karrieristen, der Traditionalismus und der Konservativismus zu finden sind. Saturn kann aber nichts dafür, dass manche Menschen das Prinzip auf dieser Ebene leben! Denn dahinter stecken lebensnotwendige Eigenschaften wie Geduld, Ausdauer, Konzentration, Maßhalten bzw. Reduktion auf Machbares, Struktur und Verantwortung. Saturn, der »Hüter der Schwelle«, prüft zu Recht, wie weit wir realitätstüchtig und gemeinschaftsfähig sind.

Fragen an das Haus 10: Was will ich in diesem Leben erreichen? Welchen Platz will ich in der Gesellschaft einnehmen? Was sind meine Maßstäbe? Wie vertrete ich meine Rechte? Was empfinde ich als moralisch?

Dem griechischen Gott Kronos, Herr über die Zeit (Saturn), wurde von seinem Vater, den er entmannt hatte, das gleiche Schicksal prophezeit. Deshalb verschlang er alle seine Kinder, auch die Töchter. Später wurde er zu Janus, dem Zweigesichtigen: Ein Gesicht hält Rückschau, das andere blickt wissend in die Zukunft.

Haus 11: Wassermann/Uranus

Themen: Schöpferischer Ausdruck und Austausch der Gedanken unter Gleichgesinnten; Freunde, Wahlverwandtschaft, Individualität in der Gruppe, Überwindung subjektiver Interessen; Progressivität, Überteten von Tabus, das persönliche Freiheitspotenzial; Reform, Opposition und Umschwung.

Das Wassermann/Uranus-Prinzip repräsentiert die Reform, den Umschwung. Aber hier passiert nichts langsam und gründlich, sondern wird aus der Intuition geboren, aus der plötzlichen uranischen Idee. Dieses Prinzip steht auch für Freiheit und (vor allem geistige) Unabhängigkeit, daher auch die Rebellion. Das Individuum und seine Würde erscheinen hier wichtiger als die Einordnung in die Uniformität des Kollektivs. Die Befreiung von Herrschaft ist Uranus' Leitbild. Je stärker das Saturn-Prinzip in einer Gesellschaft ausgeprägt ist, d.h., je stärker man zur Verdrängung der eigenen Rechte gezwungen ist, desto mehr neigt man dazu, die Hierarchien des zehnten Hauses zu sprengen; bildlich gesprochen der Gegensatz von Polizei und Revolutionär. Da das elfte Haus auch die Gruppen Gleichgesinnter repräsentiert, finden wir demzufolge hier auch die gegen die Gesellschaft rebellierenden Gruppen, die »anders« sein möchten und sich sehr stark von der Gesellschaft abgrenzen, aber in ihrem Gefüge oft noch starrer als die Gesellschaft sind, die bekämpft werden soll. Es ist dies dann sozusagen die »genormte Originalität«. Das Wassermann/Uranus-Prinzip kann dabei helfen, sich »Luft zu verschaffen«, sich zu befreien. Aber solange wir immer wieder gezwungen sind, uns zu befreien, sind wir nicht wirklich frei. Und gäbe es nicht sinnvolle Ordnungen und Strukturen, würde das Leben ins Chaos zurückversinken.

Das Wassermann/Uranus-Prinzip steht entsprechend für Besonderheit bzw. Originalität. Allerdings kann sich bei fehlenden originellen Inhalten die Besonderheit im Außen festmachen, beispielsweise in Form von auffälliger Kleidung. Im Wassermann-Prinzip sind unvorhergesehene oder plötzliche Brüche zu finden, nicht nur im übertragenen Sinn, es sind damit auch Unfälle gemeint. Wenn jemand sehr nervös ist oder un-

Hesiod sagte: Am Anfang aller Dinge war das Chaos. Diesem Chaos entsprang die erste Göttin: Gaia, die Erde. Sie wurde die Gemahlin von Uranos, dem Himmel, der sein eigener Schöpfer ist. Uranos und Gaia, Himmel und Erde, waren das urerste Paar. Uranos gilt als schöpferisches Prinzip des Anfangs, noch bevor es »Ordnung« gab.

> Poseidon (Neptun) war unzufrieden, als ihm bei der Verteilung der Welt das Meer zufiel. Er versucht immer wieder, an Land Fuß zu fassen, Fronten aufzuweichen, und sorgt so für Verwirrung, weil er scheinbar festgefügte Ordnungen durcheinander bringt. Wenn es brenzlig wird, taucht er ab ins Meer und schmiedet von dort aus weiter seine Ränke.

ter Stress leidet, so handelt es sich also um ein verletztes Wassermann-Prinzip. Je mehr wir die uranische Qualität in uns zur Kenntnis nehmen, desto weniger Unruhe und Umschwünge bringt sie von außen in unser Leben.

Fragen an das Haus 11: Fühle ich mich emanzipiert? Fühle ich mich frei? Wie »besonders«, von anderen unterschieden fühle ich mich? Was mache ich mit meiner Freizeit?

Haus 12: Fische/Neptun

Themen: Illusion, Flucht, Sucht, Lüge, Schein, Angst, Auflösung, aber auch Bewusstseinserweiterung, Ahnungsvermögen, Sehen von Hintergründen; Phantasie, Verzauberung, Schleier, Traum; Helferrolle; seelische Gesundheit; Themen des Zeitgeists und Wachstum der Gesellschaft.

Wie man schon aus der Auflistung sehen kann, sind die Themen dieses Hauses sehr unterschiedlich und nur schwer zu greifen. Sie entschlüpfen einem wie ein glitschiger Fisch. Das Fische-Prinzip hat nicht die klar umrissenen Konturen eines Saturn, bei einer starken Neptun-Betonung weiß man manchmal nicht, wo man selbst aufhört und der andere anfängt. Dies hat sehr viel mit unserer tiefen Sehnsucht zu tun, in einem Großen Ganzen aufzugehen.

Ein ausgeprägtes Fische-Prinzip spricht auch davon, dass kollektive Bedürfnisse vor eigene gestellt werden.

Das Haus 12 gilt als das Haus der Heimlichkeiten, dort ist das Verborgene und Verdrängte zu finden und auch das von der Gesellschaft nicht Akzeptierte. Das Haus 12 repräsentiert die Abgeschiedenheit und den Rückzug. Damit können äußere Orte gemeint sein, etwa Kloster, Krankenhaus oder Gefängnis. Sie sind zwar Orte des Rückzugs, in erster Linie ist aber der innere Rückzug gemeint.

Das Fische/Neptun-Prinzip ist der Lebensbereich, in dem der Mensch am meisten bereit ist, sich zu täuschen oder täuschen zu lassen. Verwirrungen und Unklarheiten werden diesem Prinzip deshalb zugeordnet. Aber andererseits sind eben dort auch das Gegenteil, nämlich Hellsichtigkeit und kosmische Fähigkeiten zu finden.

Die zwölf Häuser im Überblick

Übersicht über die Häuser, Zeichen und Planeten – über Elemente und Qualitäten

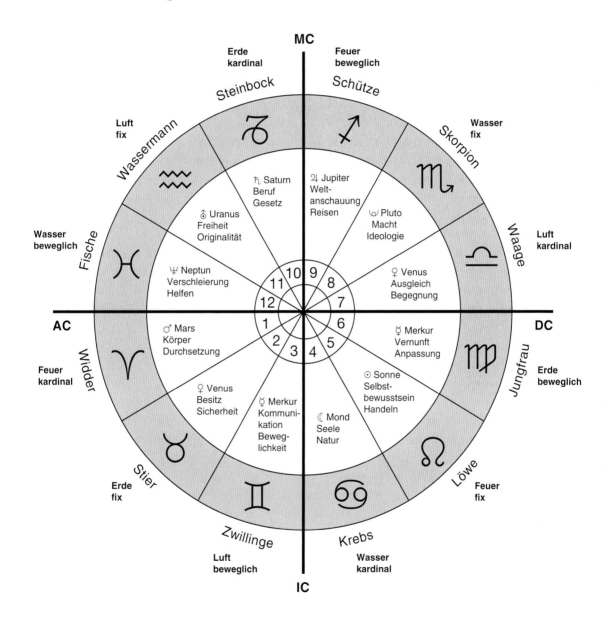

Die Verbindung der Prinzipien

Wie wir aus der Übersicht sehen können, sind im »natürlichen« Horoskop bestimmte Häuser, Zeichen und Planeten einander zugeordnet. Dies ist verständlich, wenn man sich vor Augen hält, dass sowohl das Zeichen Widder (Tagundnachtgleiche) als auch der Aszendent (Geburt) den Beginn darstellen. Normalerweise fallen die Häuser in einem individuellen, persönlichen Horoskop kaum mit den Zeichen des »natürlichen« Horoskops zusammen, es gibt nur wenige Menschen, die einen Widder-AC haben. Jeder von uns hat ein individuelles Horoskop: Der Aszendent unterscheidet sich, die Häuserspitzen weichen voneinander ab, die Planeten stehen in anderen Häusern und haben verschiedene Winkel zueinander. Die Prinzipien aber, nach denen die Astrologie arbeitet, bleiben gleich.

> **Das Prinzip eines Hauses bleibt immer gleich. Im vierten Haus beispielsweise geht es immer (unter anderem) um die seelische Identität, gleichgültig, welches Zeichen an der Spitze steht. Das Zeichen verrät uns die Art unserer seelischen Identität.**

Die Deutungsschritte

Wenn wir nun an unsere ersten Deutungen herangehen, so müssen wir diese Prinzipien entsprechend verbinden. Wir gehen dabei Schritt für Schritt vor und können uns das so vorstellen, dass bei jedem Schritt eine transparente Schablone über die nächste gelegt wird, so dass die Prinzipien zwar einerseits durchscheinen, andererseits aber das Bild immer differenzierter wird.

- Die Häuser im »natürlichen« Horoskop sagen uns das Lebensgebiet oder Thema (WO finden die Dinge statt?),
- das Tierkreiszeichen den Umgang mit dem Thema (WAS wird angesprochen?),
- die Planetenplatzierungen die Färbung des Themas (WIE gehen wir mit dem Gebiet um?).

Die Bedeutung der Häuser

Petra	25.01.1956 15:15:00 MEZ	
Wien	016:22:54 0 48:12:36 N	14:15:00 GMT

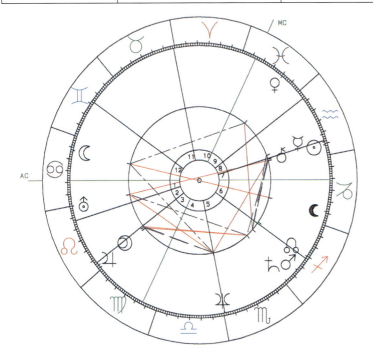

Die Übersicht über die zwölf astrologischen Prinzipien zeigt, dass jedes Haus eine bestimmte Bedeutung hat, ein bestimmtes Lebensgebiet darstellt. Um dieses Lebensgebiet geht es immer, gleichgültig, welches Zeichen die Spitze bildet. Unser erster Schritt ist die Verbindung von Häuserthema und persönlichem Tierkreiszeichen. Dazu ein Beispiel:
Der Übersicht können wir entnehmen, dass es im Haus 1 (unter anderem) um Durchsetzung und Selbstbehauptung geht. In diesem Fall wird aber das erste Haus nicht wie im »natürlichen« Horoskop vom Zeichen Widder angeschnitten, sondern vom Zeichen Krebs. Man stellt somit die Frage:
- Worum geht es? In diesem Fall um Themen von Haus 1, also um Durchsetzung und Selbstbehauptung.

Menschen mit Krebs-Aszendent verwenden ihre Empfindsamkeit, um sich durchzusetzen. Dies kann bedeuten, dass jemand andere gefühlsmäßig unter Druck setzt, um ans Ziel zu kommen, oder jemand hat einen untrüglichen Instinkt, auf den er sich verlassen kann.

Die Verbindung der Prinzipien

- Wie gehe ich damit um? So wie ein Krebs, das vierte astrologische Prinzip. Man findet dort u. a.: Empfindsamkeit, seelische Geborgenheit, Mütterlichkeit.

Also wird dieser Mensch (siehe Horoskop Seite 39) sich möglicherweise nur durchsetzen können, wenn er die nötige seelische Geborgenheit empfindet, oder seine Selbstbehauptung gelingt, indem er andere bemuttert, oder er verwendet seine Empfindsamkeit, um sich durchzusetzen.

Wir verbinden also als Erstes das Thema (Lebensgebiet), das in jedem Horoskop durch die gleiche Häusernummerierung repräsentiert wird und dem »natürlichen« Tierkreis entspricht, mit dem Tierkreiszeichen, das dieses Haus anschneidet.

Anders ausgedrückt: Die Frage nach dem Thema (Lebensgebiet) beantwortet das Haus, die Frage danach, wie mit dem Lebensgebiet umgegangen wird, beantwortet das Tierkreiszeichen, das das Haus anschneidet. Wir haben nun sozusagen zwei Schablonen übereinander liegen und sehen sowohl das Häuserthema als auch den persönlichen Umgang damit. In diesem ersten Haus steht auch noch ein Planet, nämlich Uranus. Die Planetenplatzierungen werden im Kapitel »Planeten in den Häusern« ausführlich besprochen. Mit dem Planeten legen wir also die dritte Schablone über unsere bisherigen Aussagen.

In diesem Fall könnte der Uranus-Einfluss beispielsweise bedeuten, dass die Selbstbehauptung (Haus 1) dieses Menschen in der Welt dann am besten gelingen kann, wenn er ein unkonventionelles (Uranus) Familienleben (Krebs) führt. Oder er verwendet seine seelische Identifizierung (Krebs) dazu, sich mit originellen oder innovativen Ideen (Uranus) durchzusetzen (Haus 1). Sehen wir uns nun das Haus 10 unseres Beispiels von Seite 39 an: Den Prinzipien nach geht es dort unter anderem um den Beruf, um die Normen, Maßstäbe und Spielregeln der Gesellschaft, hier ist unser Ehrgeiz zu Hause und auch die Rolle, die wir in der Gesellschaft einnehmen möchten. In diesem Fall ist das Haus 10 von den Fischen angeschnitten, daher stellt sich die Frage, wie dieses Zeichen mit den Inhalten des zehnten Hauses umgeht. Dazu greifen wir auf die Prinzipien von »Haus 12: Fische/Neptun« zurück. Entweder ist so jemand nicht bereit, sich den Normen der Gesellschaft zu beugen, oder er hat

---

Im Horoskop von Petra steht der MC in den Fischen. Der Herrscher ist Neptun, welcher wiederum im fünften Haus steht. Das bedeutet, dass die im zehnten Haus angelegten Fähigkeiten im Haus der Kreativität und Handlungsfähigkeit (Haus 5) zum Ausdruck kommen.

Angst vor Autoritäten. Er weiß vielleicht nicht so genau, was seine Berufung ist. Es kann sich auch um einen Menschen handeln, der imstande ist, gesellschaftliche Hintergründe zu erfassen. Ein zehntes Haus in den Fischen zeigt auch ein großes heilerisches oder künstlerisches Potenzial an. In Petras Fall steht auch noch Venus, die Kunstsinnige, im zehnten Haus: Ihre originellen (Uranus in Haus 1 als Selbstausdruck) Aquarelle (Neptun) sind bereits in Ausstellungen zu finden.

Dass man selbst Anteil an seinem »Schicksal« hat, muss man erst lernen zu erkennen. Und meist ist man erst dann bereit, genauer hinzusehen, wenn man auf einem bestimmten Lebensgebiet Schwierigkeiten hat, die man einfach nicht mehr übersehen kann.

Die Erlebensebenen

Die psychologische Astrologie ist nicht wie die traditionelle Astrologie nur ein Spiegel, in dem wir uns erkennen können, sondern sie zeigt auf, dass wir die Planetenkräfte in uns nicht nur auf eine Art erleben können und ihnen nicht willenlos ausgeliefert sind. Sich diese Erlebensebenen bewusst zu machen heißt, Änderungen herbeiführen zu können. Wir müssen begreifen, welche Kräfte blockiert sind. Dann sind wir imstande, daran zu arbeiten, dass Energien in die richtigen Kanäle fließen. Wir können Korrekturen vornehmen, die Erlebensebene wechseln und so unser Leben befriedigender gestalten.

In einem Horoskop kann man die Ebene nicht erkennen, auf der jemand mit den Planetenkräften, die in ihm sind, umgeht. Dies muss man durch einen sehr ehrlichen Umgang mit sich selbst und durch Gespräche herausfinden. Manchmal wird sogar dieselbe Kraft auf verschiedene Arten gelebt, je nachdem, welchen Standort wir gegenüber anderen Menschen einnehmen.

Hemmung – Kompensation – erwachsene Form

Wir können eine Anlage in der »Hemmung« erleben; d.h., dass jemand nicht nur von außen Situationen und Personen anzieht, die ihn blockieren und ihn Schicksalsschläge erleiden lassen, er selbst torpediert ebenfalls unbewusst seine Entwicklung.

Auf einer anderen Ebene können wir Anlagen und Prinzipien so ausleben, dass wir (oft völlig unbewusst) einen Mangel zu überdecken bzw.

auszugleichen suchen. Wir teilen dann das Schicksal aus, das wir in der gehemmten Form erleben müssten; d.h., wir schlagen zu, um unsere Schwächen zu ertragen. Hermann Meyer nennt dies den »Kompensator«, der die Normen und Ideale der Gesellschaft als Maßstab ansetzt, sie nach außen verkörpert und so zum Elternrollenspieler wird, der kritisiert, korrigiert, maßregelt und straft. Am gelungensten, konstruktivsten gehen wir mit einer Anlage um, wenn wir sie entwickeln und für uns nutzen, ohne andere zu benutzen. Das bedeutet, dass wir nicht bloß reagieren, sondern aus uns selbst heraus unsere Anlagen leben. Hermann Meyer nennt dies die »erwachsene« Form. Sie bedeutet, eine individuelle Persönlichkeit zu sein, etwas Eigenes zu entwickeln, sei es eine Anschauung oder einen Lebensstil. Grundsätzlich handelt es sich sowohl bei der Hemmung als auch bei der Kompensation um »unerlöste« Formen, bei der erwachsenen um die »erlöste« Form einer Anlage.

> Statt erfüllte, mitmenschliche Beziehungen zu haben, findet sich jemand mit einem »gehemmten« Haus 7 als Spielball fremder Strategiespiele wieder, weil er nicht selbst entschieden hat, sondern über sich hat entscheiden lassen. Das Waage-Prinzip stellt zwar den Ausgleich dar, äußert sich aber in dem Fall als Wankelmut und Unentschlossenheit.

Die Grundlage jeder Veränderung ist also, sich mit diesen psychologischen Denkansätzen vertraut zu machen. Nehmen Sie sich einmal die nachfolgenden Häuserbegriffe vor, und versuchen Sie, diese Begriffe auf die verschiedenen Erlebensebenen zu setzen: Wie könnte ein bestimmtes Prinzip in der passiven Form oder in der Kompensation erlebt werden? Wie sieht die Anlage aus, wenn sie entwickelt ist?

Beispiele: Die saturnische Ausdauer kann zu Starrköpfigkeit werden, die merkurische Beweglichkeit kann zur Oberflächlichkeit verkommen, Jupiters Großzügigkeit kann an die Befolgung einer Ideologie gebunden sein, Neptun informiert ungenau, weil er sich nicht festlegen will, Pluto tyrannisiert seine Umgebung mit Familienritualen, um nur einige Beispiele zu nennen.

Beispiel

Wie wir aus Gemeinsamkeiten in großen Zügen allmählich die Individualität eines Eigners herausarbeiten und sehen können, zeigt das nächste Horoskop: Es weist das gleiche MC wie das Horoskop auf Seite 39 auf. Nach einigen anderen Versuchen schlug Petra wie gesagt den künstlerischen Weg ein. Zur Unterstützung steht ihre (entwickelte) Venus im neunten Haus. Auf Hannah Arendt (Seite 43) trifft dagegen eine andere,

Deutung eines Horoskops

Hannah Arendt	14.10.1906 21:15:00 MEZ	
Hannover	009:44:00 0 52:24:00 N	20:15:00 GMT

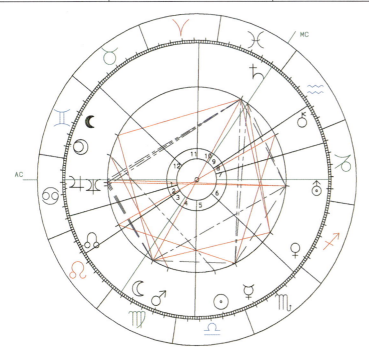

vorher bereits erwähnte Entsprechung zu, unterstrichen von dem in diesem Haus befindlichen Saturn: Sie durchschaut und hinterfragt Mechanismen, Werte und Normen der Gesellschaft und kritisiert sie scharf. Das Zusammenspiel von Saturn und Neptun (Fische) entspricht oft dem Umstand, dass in der Kindheit kein einzelnes eindeutiges und klares Bezugssystem gesellschaftlicher Konventionen entwickelt werden konnte. Daraus ergibt sich die instinktive Relativierung des Wertes sozialer Konventionen. Dass die Arbeit der Philosophin bzw. Professorin der Politischen Theorie ihr innerstes seelisches Anliegen widerspiegelt, ihren Wesenskern ausmacht, davon sprechen sowohl der Krebs-AC als auch die Konjunktion von Neptun (Herrscher der Fische aus Haus 10) mit Jupiter (Lebensphilosophie, Einsichten) im Haus 1.

Ein Zitat von Hannah Arendt vor dem Hintergrund des Jungfrau-IC mit Mond im vierten Haus: »Ich selber wirken? Das ist mir nicht wichtig. Ich will verstehen. Und wenn andere Menschen verstehen – im selben Sinne, wie ich verstanden habe, dann gibt mir das eine Befriedigung wie ein Heimatgefühl.«

Quadranten, Achsen und Kreuze

Menschen, die für etwas Bestimmtes stehen oder anderen Menschen als Projektionsfigur (Idol) dienen, haben oft die Sonne im zwölften Haus stehen. Sie sind gleichsam »Symbole«, sie verkörpern den Zeitgeist. Er weht gleichsam durch sie hindurch, und sie leben Zeitströmungen, unabhängig von ihrer eigenen Individualität.

Nun nochmals zur Horoskopeinteilung, diesmal jedoch mit Blick auf die astrologische Bedeutung. Auch hier gilt wieder, dass die natürlichen Zeichen und Herrscher auf das persönliche Horoskop übertragen werden. Im nachfolgenden Horoskop von Boris Becker beispielsweise werden die persönlichen Quadranten wie folgt gebildet:

Boris Becker	22.11.1967 08:45:00 MEZ	
Leimen bei Karlsruhe	008:41:00 0 49:21:00 N	07:45:00 GMT

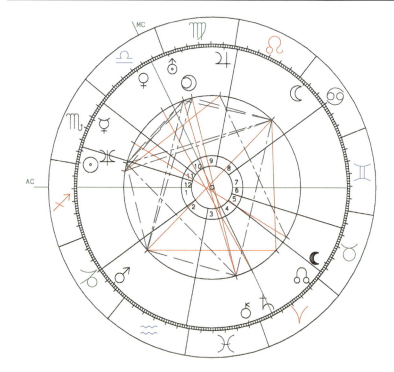

Das erste Haus ist angeschnitten vom Schützen, also hat Boris Becker einen Schütze-Aszendenten, das zweite Haus steht Spitze Steinbock, das dritte Spitze Wassermann. Allerdings ist das ganze Fische-Zeichen im dritten Haus eingeschlossen, und das bedeutet, dass das dritte Haus sowohl dem Zeichen Wassermann als auch dem Zeichen Fische untersteht. Der zweite Quadrant beginnt mit dem vierten Haus, angeschnitten vom Widder. Dies bedeutet, dass die ersten beiden Quadranten in diesem Horoskop von Feuerzeichen angeschnitten sind, einem beweglichen und einem kardinalen, was Aussagen über den körperlichen und seelischen Antrieb macht.

Ein Schütze-AC wie auf Seite 44 verkörpert einen unerschütterlichen Glauben an sich selbst. Hier vereinigt sich der Optimismus des Schütze-Prinzips, der starke Antrieb des Feuerzeichens und die Flexibilität des beweglichen Zeichens, das über Niederlagen leichter hinwegkommt als beispielsweise ein fixes Zeichen.

Die Quadranten

	Zeichen	Herrscher	Element	Qualität
1. Quadrant	*(Körperlicher Quadrant)*			
Haus 1	Widder	Mars	Feuer	kardinal
Haus 2	Stier	Venus	Erde	fix
Haus 3	Zwilling	Merkur	Luft	beweglich
2. Quadrant	*(Seelischer Quadrant)*			
Haus 4	Krebs	Mond	Wasser	kardinal
Haus 5	Löwe	Sonne	Feuer	fix
Haus 6	Jungfrau	Merkur	Erde	beweglich
3. Quadrant	*(Geistiger oder Begegnungsquadrant)*			
Haus 7	Waage	Venus	Luft	kardinal
Haus 8	Skorpion	Pluto	Wasser	fix
Haus 9	Schütze	Jupiter	Feuer	beweglich
4. Quadrant	*(Überpersönlicher oder gesellschaftlicher Quadrant)*			
Haus 10	Steinbock	Saturn	Erde	kardinal
Haus 11	Wassermann	Uranus	Luft	fix
Haus 12	Fische	Neptun	Wasser	beweglich

Häusergruppierungen

Das jeweils erste Haus jedes Quadranten wird markiert durch die Hauptachse AC/Haus 1, IC/Haus 4, DC/Haus 7 und MC/Haus 10. Diese Häuser werden kardinale oder auch Eckhäuser genannt. Sie sind dem kardinalen Kreuz zugeordnet und bedeuten
- nach D. Rudhyar: zu sein
- nach H. Sasportas: Aktion, Aktivierung, Erzeugung von Energie
- nach H. Meyer: Beginn (Same, Keim).

Alle zweiten Häuser eines jeden Quadranten (also Haus 2, 5, 8 und 11) heißen auch Mittelhäuser oder nachfolgende Häuser; sie sind dem fixen Kreuz zugeordnet und bedeuten
- nach D. Rudhyar: zu verwenden
- nach H. Sasportas: Reaktion, Stabilisierung von Energie
- nach H. Meyer: Sicherung, Etablierung, Festigung (Verwurzelung).

Da es in allen dritten Häusern u. a. um Weiterentwicklung und Differenzierung geht, findet diese im Haus 3 des ersten Quadranten auf körperlicher Ebene (Geschicklichkeit, Kommunikation) statt, im Haus 3 des zweiten Quadranten auf der seelischen Ebene (Anpassung und Analyse).

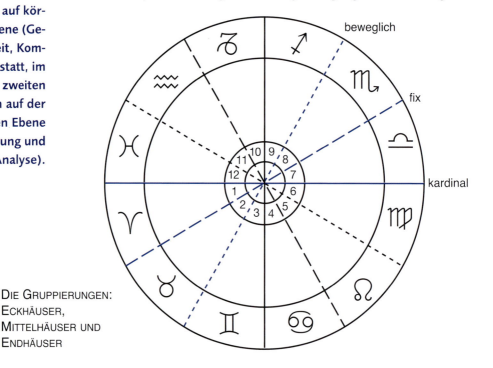

DIE GRUPPIERUNGEN: ECKHÄUSER, MITTELHÄUSER UND ENDHÄUSER

Die dritten Häuser schließlich, als Endhäuser, kadente oder fallende Häuser bezeichnet (Haus 3, 6, 9 und 12), sind dem beweglichen Kreuz zugeordnet und bedeuten

- nach D. Rudhyar: zu verstehen, umzuwandeln
- nach H. Sasportas: Ergebnis aus Aktion und Reaktion, Verteilung, Anpassung und Neuorganisation von Energie
- nach H. Meyer: Weiterentwicklung, Differenzierung (Verzweigung).

Diese Häusergruppierung ist noch einer anderen Qualität zugeordnet, markiert durch das kardinale, das fixe und das bewegliche Kreuz. In jedem Quadranten ist somit jede Qualität einmal vertreten.

Die Qualität der Zeichen

Die **kardinalen Zeichen** (Widder, Krebs, Waage, Steinbock) haben das größte Vermögen und den größten Willen zu herrschen, zu führen, sich durchzusetzen und zu beeinflussen. Dem Widder geht es dabei um das Herrschen an sich, dem Krebs um Dominanz in Gefühlsdingen sowie in Heim und Familie, der Waage um Macht und Einfluss in Partnerschaften und sozialem Umfeld, dem Steinbock um Herrschaft in der Öffentlichkeit und der materiellen Umwelt.

Fixe Zeichen (Stier, Löwe, Skorpion, Wassermann) sind auf sich fixiert, sind mit ihren eigenen Angelegenheiten beschäftigt und widersetzen sich Eingriffen von außen. Beständigkeit zeichnet sie aus, wobei der Stier in seinen Einstellungen am wenigsten Überraschungen bereithält, im Gegensatz zum Wassermann, der am ehesten zu Überraschungen neigt, diese aber so vehement verteidigt, dass er sich in eine Idee »verrennen« kann.

Die **beweglichen Zeichen** (Zwilling, Jungfrau, Schütze, Fische) sind am empfänglichsten für Umwelteinflüsse und lassen von Natur aus den Dingen gerne ihren Lauf. Dies kann dazu führen, dass sie dominiert, überbeweglich oder unbeständig werden: der Zwilling in seiner Meinung, die Jungfrau in ihrer Anpassung, der Schütze in seinen Möglichkeiten. Die Fische passen sich scheinbar an jede Umgebung an.

Im Haus 3 des dritten Quadranten findet die Entwicklung und Differenzierung auf geistiger Ebene (Lebensphilosophie, Expansion) statt und im Haus 3 des vierten Quadranten auf der überpersönlichen, gesellschaftlichen Ebene (Bewusstseinserweiterung, Phantasie).

Die Achsen und Kreuze

Das Prinzip der sich ergänzenden Achsen kann man so erklären: Im Haus 1 wird beispielsweise das Ich-Gefühl entwickelt. Erleben wir aber dieses Haus in der Hemmung, haben wir unser Ich-Gefühl nicht entwickelt, so wird am DC versucht, diese Defizite mit Hilfe der »besseren Hälfte« auszugleichen.

Kein Haus ist ohne sein Gegenüber komplett, erst dadurch wird die Wechselwirkung der entgegengesetzten Kräfte deutlich.

Die Beziehungsachse 1 – 7 (Widder/Waage-Prinzip, AC – DC)

Widder betont die persönlichen, Waage die gemeinsamen Interessen. Die Polaritäten sind: Ich-Bewusstsein – Du-Erfahrung, Eigenidentität – Beziehung, Selbstbehauptung – Kompromiss. Der Aszendent ist die Art, instinktiv an eine Sache heranzugehen. Diese Grundanlage wird uns erst im Lauf des Lebens bewusst, und aus dem Verständnis für uns selbst können wir Verständnis für andere entwickeln. Während der AC das Ich-Gefühl darstellt, spiegelt der DC die Du-Erfahrung und ist damit ein wesentlicher Aspekt des Beziehungsthemas.

Die Besitzachse 2 – 8 (Stier/Skorpion)

Dem Stier geht es um materielle, dem Skorpion um geistige Werte und Sicherheit. Die Polaritäten sind: Eigenwerte – Fremdwerte, Greifbares – Verborgenes, Ansammlung – Auflösung.

Die Kommunikationsachse 3 – 9 (Zwilling/Schütze)

Den Zwillingen geht es um den Erwerb von Wissen, dem Schützen um dessen Anwendung. Die Polaritäten sind: Logik – Intuition, Erklärungen – Überzeugungen, Nähe – Weite, Vielfalt – Einheit.

Die Persönlichkeitsachse 4 – 10 (Krebs/Steinbock, IC – MC)

Dem Krebs geht es um die Anerkennung seiner Gefühle, dem Steinbock um seinen Rang in der äußeren Welt. Die Polaritäten sind: Familie – Beruf, Privatsphäre – Öffentlichkeit, Herkunft – Lebensziel, Anteilnahme – Distanz, Kind – Eltern, Abhängigkeit – Selbstständigkeit. Das Imum Coeli (IC) oder die Himmelstiefe ist der Achsenpunkt am Beginn des vierten Hauses, der tiefste Punkt – ihm entspricht Mitternacht – im Horoskop. Es zeigt die – teils unbewusste – Erfahrung und Einstellung zu seelischer Geborgenheit, zu tiefen Gefühlen und die Art und Weise, wie wir seelisch, körperlich und auch räumlich unsere Wurzeln schlagen.

Das Medium Coeli (MC) oder die Himmelsmitte ist der gegenüberliegende Achsenpunkt am Beginn des zehnten Hauses, der höchste Punkt – ihm entspricht Mittag – im Horoskop. Das MC bzw. das zehnte Haus zeigt neben anderen Themen unsere Einstellungen und unsere Darstellung in der Öffentlichkeit, es spricht von Beruf im Sinne von Berufung und zeigt Themen an, die im Lauf des Lebens immer wichtiger werden.

> Es gibt drei Kreuze: Das kardinale, das fixe und das bewegliche.
> Jedes der drei Kreuze besteht aus zwei Achsen, daher gibt es sechs Achsen. Diese haben immer einen Gegenpol, daraus resultieren zwölf Häuserspitzen.

Die Kreativitätsachse 5 – 11 (Löwe/Wassermann)

Der Löwe glaubt an individuelle Werte, der Wassermann an kollektive. Die Polaritäten sind: Herz – Geist, Einzelner – Gruppe, Liebhaber – Freundschaften.

Die Existenzachse 6 – 12 (Jungfrau/Fische)

Die Jungfrau übt sich in körperlich-geistiger, Fische in emotionaler Aufopferung. Die Polaritäten sind: Diesseits – Jenseits, Realität – Traum, Körper – Geist, Analyse – Synthese.

Das kardinale Kreuz

Es ist das wichtigste und auch das am stärksten wirkende Kreuz im Horoskop. Um zu sehen, wie Ihr persönliches kardinales Kreuz aussieht, sind folgende Arbeitsschritte nötig:
Sie vergegenwärtigen sich die vier Prinzipien der betroffenen Häuser, die an den beiden Achsen liegen. Das kardinale Kreuz vertritt immer diese vier Prinzipien! Einmal die
- **Beziehungsachse**, vom Haus 1 – Widder-Prinzip zum gegenüberliegenden Haus 7 – Waage-Prinzip, und zum zweiten die
- **Persönlichkeitsachse**, an deren einem Ende das Haus 4 steht – Krebs-Prinzip, und gegenüber das Haus 10 – Steinbock-Prinzip.

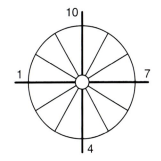

Quadranten, Achsen und Kreuze

Mick Jagger	26.07.1943 06:30:00 MES	
Dartford	000:14:00 0 51:27:00 N	04:30:00 GMT

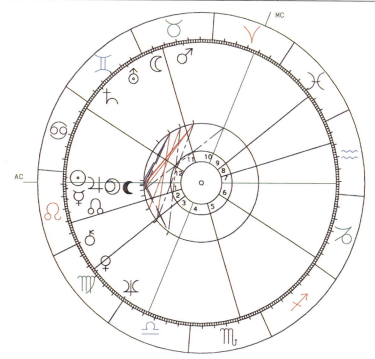

Nicht nur der Aszendent deutet in diesem Horoskop auf einen sehr antriebsstarken und durchsetzungskräftigen Menschen hin – es stehen auch noch Sonne (Herrscherin über den Aszendenten), Jupiter und Pluto (und zwei errechnete Mondpunkte) in seinem ersten Haus. Die Sonne wird in diesem Fall in das erste Haus gerechnet.

Der erste Punkt der Beziehungsachse: der AC

Die folgenden Fragen helfen, den Aszendenten zu deuten. Haben Sie wie im Beispiel Seite 45 einen Löwe-Aszendenten, so stellen Sie sich die Frage: Wie geht ein Löwe-AC mit dem Haus-1-Prinzip, dem Widder-Prinzip, um? Das bedeutet im Klartext: Wie setzt sich ein Löwe-AC durch, auf welche Art und Weise behauptet er sich, welche Art von Antrieb hat ein Löwe-AC, was für ein Wesen ist (hat) er, was gehört zu seiner Natur? Nun sehen Sie als Löwe-AC nach, welche Häuserinhalte unter »Haus 5: Löwe/Sonne« zu finden sind, und wenden Sie sie an: Beispielsweise gehört das Handeln zur Natur des Löwen, er wird nicht die Hände in den

Schoß legen und abwarten, er handelt aus vollem Herzen, und eben dadurch behauptet er sich.

Haben Sie wie im Beispiel unten einen Skorpion-Aszendenten, so stellen Sie sich die Frage: Wie geht ein Skorpion-AC mit dem Haus-1-Prinzip, dem Widder-Prinzip, um? Wie setzt sich ein Skorpion-AC durch, auf welche Art und Weise behauptet er sich, welche Art von Antrieb hat ein Skorpion-AC, was für ein Wesen ist (hat) er, was gehört zu seiner Natur? Nun sehen Sie als Skorpion-AC nach, welche Häuserinhalte unter »Haus 8: Skorpion/Pluto« zu finden sind, und wenden sie an: So wird beispielsweise ein Skorpion-AC seine Überzeugungskraft zur Durchsetzung verwenden, und in seiner Natur liegt es, starke Vorstellungen entwickeln zu können, Leitbilder, die seine Durchsetzung herausfordern.

Schon sehr früh hat Goethe den Orient in seine Gedanken und Dichtungen aufgenommen. So konzipierte er ein Mahomet-Drama, das den religiösen Genius im Widerstreit zwischen Geist (Saturn im Haus 1) und Macht (AC Skorpion und dessen Herrscher Pluto ebenfalls im Haus 1) zeigt.

J. W. von Goethe	28.08.1749 11:25:00 LMT	
Frankfurt am Main	008:40:00 0 50:07:00 N	10:50:20 GMT

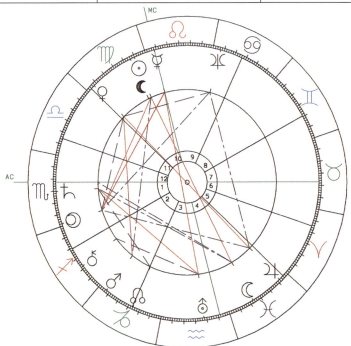

Quadranten, Achsen und Kreuze

Dustin Hoffman	08.08.1937 17:07:00 PST	
Los Angeles	118:14:00 W 34:03:00 N	01:07:00 GMT

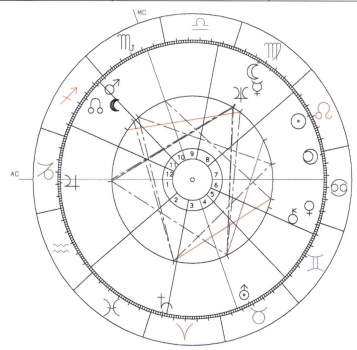

Mit Jupiter in Haus 1 fühlt sich dieser Steinbock-Aszendent unter Umständen zwischen den Polen der Expansion und der Beschränkung hin- und hergerissen. Wenn es dem »glücklichen Melancholiker« gelingt, den Weg zwischen den Polen zu finden, kann er zu sehr weisen Einsichten kommen.

Haben Sie wie oben einen Steinbock-Aszendenten, so stellen Sie sich die Frage: Wie geht ein Steinbock-AC mit dem Haus-1-Prinzip, dem Widder-Prinzip, um? Wie setzt sich ein Steinbock-AC durch, auf welche Art und Weise behauptet er sich, welche Art von Antrieb hat ein Steinbock-AC, was für ein Wesen ist (hat) er, was gehört zu seiner Natur? Und nun sehen Sie nach, welche Häuserinhalte unter »Haus 10: Steinbock/Saturn« zu finden sind, und wenden sie an: Ein gewisser Ehrgeiz und Zielstrebigkeit liegen in der Natur des Steinbocks, der sich durch gesellschaftliche Anerkennung erst richtig behaupten und durchsetzen kann.

Die rasch verpuffende Anfangsenergie des Widder/Mars-Prinzips (Haus 1) erhält durch die Anlage des Steinbock-Aszendenten solide Beständigkeit.

Der zweite Punkt der Beziehungsachse: der DC

Zum Horoskop mit Löwe-Aszendenten gehört der Wassermann-Deszendent, und Sie stellen sich dazu die Frage: Wie geht ein Löwe-Aszendent mit dem Haus-7-Prinzip, dem Waage-Prinzip, um? Das heißt: Welche Art der Begegnungen und Partnerschaften bevorzugt ein Löwe-AC/Wassermann-DC, welche geistigen Interessen hat er, was begegnet ihm im Außen, auf welche Art setzt er seine Fähigkeiten abzuwägen und auszubalancieren ein? Sehen Sie zur Deutung unter »Haus 11: Wassermann/Uranus« nach. So bevorzugt ein Löwe-AC vielleicht Begegnungen mit originellen Menschen, ist aber dann nicht glücklich, wenn von ihm eine freie Beziehung verlangt wird. In diesem Fall ist wahrscheinlich seine eigene seelische Unabhängigkeit entwicklungsbedürftig.

Der erste Punkt der Persönlichkeitsachse: der IC

Zuerst stellen Sie sich wieder die Frage, wie Sie mit Ihrem Haus-4-Prinzip, dem Mond-Prinzip, umgehen. Das heißt u.a.: Wie war die Atmosphäre in der Herkunftsfamilie, womit identifiziert man sich, wie fühlt man sich geborgen, wie ist die innere und äußere Wohnung gestaltet? Steht der persönliche IC z.B. in der Jungfrau, so können mit Hilfe der Häuserinhalte »Haus 6: Jungfrau/Merkur« diese Fragen beantwortet werden. Es kann also sein, dass jemand mit Jungfrau-IC schon früh sehr »vernünftig« sein musste. Oder das Bedürfnis nach Zuwendung führte zu einer übergroßen seelischen Anpassung, und später weiß ein Jungfrau-IC nicht genau, was er braucht, um sich geborgen zu fühlen.

Der zweite Punkt der Persönlichkeitsachse: der MC

Zuerst stellen Sie sich wieder die Frage, wie Sie mit Ihrem Haus-10-Prinzip, dem Steinbock-Prinzip, umgehen. Das heißt u.a.: Welcher Art sind meine Maßstäbe, mein Ehrgeiz, wie erlebe ich die Öffentlichkeit, wie erlebe ich Normen und Werte? Steht nun das MC z.B. in den Fischen, so ziehen Sie zur Deutung »Haus 12: Neptun/Fische« heran. Danach weiß jemand vielleicht nicht, welchen Beruf er ergreifen will, er kann aber auf künstlerischem Gebiet oder im helfenden Beruf viel erreichen.

Aszendent und Deszendent ergeben die Beziehungsachse von der Ich-Erfahrung zur Begegnung.
Imum Coeli und Medium Coeli bilden zusammen die Persönlichkeitsachse von den Seelentiefen bis zu den beruflichen Höhen.

Quadranten, Achsen und Kreuze

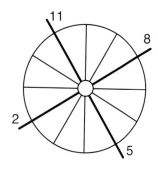

Das fixe Kreuz

Es besteht
- aus der **Besitzachse** (Haus 2 zu Haus 8)
  Haus 2 – Stier-Prinzip – (materielle Werte und Sicherheit)
  Haus 8 – Skorpion-Prinzip – (geistige Werte und Sicherheit) und
- aus der **Kreativitätsachse** (Haus 5 zu Haus 11)
  Haus 5 – Löwe-Prinzip (individuelle Werte)
  Haus 11 – Wassermann-Prinzip (kollektive Werte).

Das persönliche fixe Kreuz wird nun folgendermaßen festgestellt:
Sie vergegenwärtigen sich die vier Prinzipien der betroffenen Häuser, die an den beiden Achsen liegen. Dann suchen Sie diese Punkte in Ihrem Horoskop auf und stellen dazu die passenden Fragen.

Die prinzipielle Frage an das Haus 2 lautet: Wie grenze ich mich ab? Was ist mir etwas wert? Wird es z. B. angeschnitten vom Zeichen Krebs, so kommen die Häuserinhalte »Haus 4: Krebs/Mond« zum Tragen. Jemand mit einem zweiten Haus im Krebs ist möglicherweise der Meinung, dass der höchste Wert im Leben die Mutterschaft ist.

Die Frage an das Haus 8 lautet: Woran binde ich mich? Welche Vorstellungen habe ich? Wird es vom Steinbock angeschnitten, zieht man die Inhalte »Haus 10: Steinbock/Saturn« zurate und stellt vielleicht fest, dass dieser Mensch immer die gesellschaftlichen Folgen seines Tuns im Auge hat, oder dass er auf Gedeih und Verderb an seinen Erfolg oder an seine Ehe gebunden ist.

Nun wird die Frage an das fünfte Haus gestellt: Auf welche Art und Weise bin ich handlungsfähig? Welche Art der Kreativität bevorzuge ich? Wie ist mein Verhältnis zu Sport und Sexualität? Wird es angeschnitten vom Zwilling, so ist dies vielleicht jemand, der gerne Sport treibt, oder aber ein journalistisch, schriftstellerisch tätiger Mensch.

Die Frage an das Haus 11, den letzten Punkt des fixen Kreuzes, lautet: Was sind Freunde für mich? Welche kollektiven Werte berühren mich persönlich? Wird es z. B. angeschnitten vom Zeichen Jungfrau, so können anstehende Veränderungen in der Gesellschaft aufgrund ausgeprägter Beobachtungsgabe gut wahrgenommen werden.

Materie und Transformation bilden die beiden Enden der Besitzachse. Selbstverwirklichung als Individuum und Überwindung subjektiver Interessen bilden die Kreativitätsachse.

Kommunikation und Existenz

Das bewegliche Kreuz

Es besteht:
- aus der **Kommunikationsachse** (Haus 3 zu Haus 9)
  Haus 3 – Zwillings-Prinzip – (Erwerb von Wissen)
  Haus 9 – Schütze-Prinzip – (Anwendung von Wissen) und
- aus der **Existenzachse** (Haus 6 zu Haus 12)
  Haus 6 – Jungfrau-Prinzip (körperlich-geistige Anpassung)
  Haus 12 – Fische-Prinzip – emotionale Anpassung.

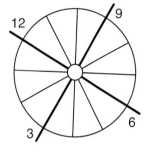

Sie vergegenwärtigen sich wieder die vier Prinzipien der betroffenen Häuser, die an den beiden Achsen liegen. Das bewegliche Kreuz vertritt immer diese vier Prinzipien! Sodann suchen Sie diese Punkte in Ihrem persönlichen Horoskop auf, und stellen Sie die passenden Fragen.

Zum ersten Punkt (Haus 3) können Sie die Fragen stellen: Auf welche Art kommuniziere ich mit meiner Umwelt? Wie stelle ich mich dar? Wie bilde ich mich? Wird das Haus z. B. vom Schützen angeschnitten, so interessiert sich dieser vielleicht für Fremdsprachen und gehört wahrscheinlich nicht zu den schweigsamsten Menschen; oder liebt es, etwas Üppigkeit und Show in seine Selbstdarstellung einzubringen.

Zum zweiten Punkt (Haus 9) stellen Sie die Fragen: Wie soll meine Lebensphilosophie aussehen? Wie versuche ich mein Leben zu optimieren? Wie stehe ich zu fremden Ländern? Jemand mit einem neunten Haus im Zwilling sieht seine Lebensoptimierung vielleicht darin, viele verschiedene Dinge tun zu können.

Zum dritten Punkt (Haus 6) stellen Sie z. B. die Frage: Wie passe ich mich an? Auf welche Art und Weise analysiere ich? Wie arbeite ich? Jemand mit einem sechsten Haus im Wassermann wird eher rebellieren als sich anzupassen, arbeitet vielleicht nicht kontinuierlich und greift bei der Analyse einer Situation oft auf seine Intuition zurück.

Zuletzt wird die Frage an das Haus 12 gestellt: Wovor habe ich Angst? Wo bin ich am leichtesten zu täuschen? Ist es vom Löwen angeschnitten, so geben die Inhalte »Haus 5: Löwe/Sonne« Antwort: Jemand mit einem zwölften Haus im Löwen hat vielleicht Angst vor Selbstständigkeit, oder aber er erfasst ohne Anstrengung den Zeitgeist und setzt ihn kreativ um.

Lernen und Lehren ergeben die Kommunikationsachse von Haus 3 zu Haus 9. Alltagsbewältigung und Phantasie stehen an den beiden Enden der Existenzachse von Haus 6 zu Haus 12.

Das Lebenstheater

Wir haben nun unsere drei Schablonen übereinander gelegt: die Häuser, die Tierkreiszeichen und die darin befindlichen Planeten. Dies alles zusammen ergibt ein transparentes Bild, das wir jetzt dreidimensional zum Leben erwecken: Unser Lebenstheater kann beginnen – Vorhang auf!

Der Planet ist der Darsteller, er sagt, wie er seine Rolle verkörpern will. Er trägt das ihm eigene Prinzip in sich, auch wenn er sich anpassen muss an das Haus, in dem er engagiert ist.

Der Planet

Auf einer bestimmten Bühne (Haus, Lebensgebiet) und vor einem bestimmten Bühnenbild (Zeichen, Lebensausdruck) spielen die Darsteller (Planeten) ihre Rolle. Und gleichgültig, auf welcher Bühne und in welchem Stück der jeweilige Darsteller seine Rolle spielt, er wird grundsätzlich das ihm eigene Prinzip in sich tragen. Spielt Merkur in einem Stück, dessen Bühnenbild Neptun gemalt hat, verschlägt es ihm vielleicht die Sprache, und er wird Pantomime; zeichnet Jupiter für das Bühnenbild verantwortlich, so redet er möglicherweise ununterbrochen – aber es wird ihm immer um Kommunikation gehen. Wofür er seine Kommunikation einsetzt, sagt uns das Stück, das auf der Bühne aufgeführt wird: Für den Beruf (Haus 10) oder in der Familie (Haus 4) oder als Fürsprecher seiner Freunde (Haus 11). In dem Haus, in dem Mars mitspielt, wird es bestimmt nie langweilig. Dort, wo Jupiter steht, geht es um Expansion – ob sie nun gelingt oder nicht. Auf der Bühne, auf der die Sonne spielt, will sie auch Held sein – egal, ob sie sich dort stark oder sanft zeigen darf. Und gleichgültig, auf welchem Lebensgebiet die Venus im Einsatz ist, wird sie sich aus ihrem Sicherheitsbedürfnis heraus gern an irgendetwas festhalten, selbst wenn es sich längst überlebt hat.

Die Prinzipien der einzelnen Planeten sind zwar in den Häuserinhalten (siehe Seiten 27–36) eingearbeitet, zur raschen Orientierung werden aber die Prinzipien der einzelnen Planeten hier nochmals übersichtlich zusammengefasst.

Planet und Zeichen

- Mars/Widder (1)
  der Krieger, Sportler, das Triebhafte, die Durchsetzung
- Venus/Stier (2)
  der Genießer, der Unbewegliche, der Reiche, der Gutmütige, das Wertvolle, die Abgrenzung, materielle Sicherheit
- Merkur/Zwilling (3)
  der Lehrer, der Schüler, der Bewegliche, der Schlaue, das Intelligenzhafte, die Kommunikationsfähigkeit
- Mond/Krebs (4)
  das Wärmende, das Mütterliche, die Seele, das Gefühl, der Traum, die Empfindung
- Sonne/Löwe (5)
  der Held, die Herzlichkeit, der Aktivismus, die Tat, das Lebensschöpferische, die Handlung, Kreativität
- Merkur/Jungfrau (6)
  der Arbeitswütige, der Analytiker, der Angepasste, das Wandlungsfähige, Arbeit und Krankheit
- Venus/Waage (7)
  die Schöne, Verführerische, Harmoniesuchende, Freundliche, das Ästhetische, die Begegnung, Partnerschaft
- Pluto/Skorpion (8)
  der Besessene, der Gebundene, Fixierte, der Dogmatiker, das Gestaltwandelnde, die Macht
- Jupiter/Schütze (9)
  der Schöngeist, der Gelehrte, die Üppigkeit, das Sinngebende, die Bildung und Philosophie
- Saturn/Steinbock (10)
  der Distanzierte, der Gentleman, der Ehrgeizige, der Richter, das Grenzsetzende, der Beruf, die Maßstäblichkeit
- Uranus/Wassermann (11)
  der Aufmüpfige, der Exzentrische, der Unabhängige, das Umschwungbewirkende, die Freunde, die Tabus
- Neptun/Fisch (12)
  der Ahnungsvolle, der Luftzug, der Märtyrer, Spirit und Spiritus, das Grenzüberschreitende, das Aufdecken von Hintergründen.

Um Ihnen einen raschen Zugriff auf die Begrifflichkeiten zu ermöglichen, hier die Kurzfassung der Planetenprinzipien.

Das Haus

Das Haus ist die Bühne, es sagt, welches Stück gespielt wird. Der Darsteller findet sich nun auf einer bestimmten Bühne ein und hat hier in einem bestimmten Stück mitzuspielen. Denn er wäre im »jedermann« (Haus 8, Skorpion) mit der Rolle des Don Quichotte ziemlich verkehrt. Wenn es sich bei dem Darsteller z. B. um Uranus handelt, so legt dieser möglicherweise seinen Jedermann so an, dass er die clownesk anmutenden, narrenhaften Züge des Don Quichotte trägt, aber das Stück heißt immer noch »Jedermann«. – Die Bühne ist also der Lebensbereich, für den der Planet sein Wirken einsetzt.

Beispiel: Der Dynamiker Mars hat im dritten Haus (Bühne der Kommunikation, ♊) die Möglichkeit, durch feuriges (♂) Argumentieren (Haus 3, ♊) andere von seinen Projekten zu überzeugen; er könnte aber auch ziemlich jähzornig sein.

Jupiter kommuniziert dort entweder überaus viel (♃), oder er brüstet sich (Selbstdarstellung Haus 3, ♊) mit seiner Bildung (♃), oder er ist eine üppige (♃) Erscheinung.

> **Das Haus ist die Bühne, die den Planeten als Schauspieler engagiert. Es gibt das Stück vor, welches gespielt werden soll. Das Tierkreiszeichen, in dem ein Haus steht, ist das Bühnenbild. Es färbt die Qualität des Theaterstücks und des Darstellers.**

Das Zeichen

Das Zeichen, das ein Haus anschneidet, ist das Bühnenbild; es gibt Anweisung, wie das Stück angelegt ist: philosophisch oder pragmatisch, maßstäblich oder freiheitsliebend. Diese Anweisungen verlangen vom Darsteller, seine Natur dem Bild anzupassen, das er vorfindet, und trotzdem noch er selbst zu sein. – Die Kulisse ist also Ausdruck der Lebenseinstellung, mit der ein Planet an seine jeweilige Aufgabe geht.

Zur Verdeutlichung möchte ich nochmals die vorher aufgeführten Beispiele heranziehen: Wir haben festgestellt, dass der Dynamiker Mars im dritten Haus (Bühne der Kommunikation, ♊) die Möglichkeit hat, durch feuriges (♂) Argumentieren (Haus 3, ♊) andere von seinen Projekten zu überzeugen.

Ist aber das Bühnenbild aus dem Schauspielhaus derjenigen, die die Maßstäbe setzen (♄), so wird dem Dynamiker vielleicht immer dann, wenn er sich selbst darstellen soll (Haus 3, ♊) das Gefühl vermittelt, nicht gut genug (♄) zu sein, oder er hat eine so überragende und maßstäbliche Meinung von seinen Projekten, dass er anderen Meinungen gegenüber schroff reagiert.

Jupiter kommuniziert im dritten Haus zwar immer noch viel, aber nur über anerkanntes Fachwissen (♄), was seinem Bildungsdünkel (♃) unter Umständen ganz gelegen kommt.

Im Lebenstheater spielen also mit:
- die Planeten/der Darsteller und seine Rolle
- die Häuser/das Lebensgebiet/die Bühne und ihr Stück
- die Zeichen (schneiden die jeweiligen Häuser an)/Lebenseinstellung oder Lebensausdruck/das Bühnenbild und seine Anweisung.

Die Planeten in den Zeichen

Jeder Planet muss sich also, wie wir gehört haben, an das Zeichen anpassen, in dem er steht. Das bedeutet, man kann eine grundsätzliche Aussage darüber treffen, welche Veränderung bzw. Färbung ein Planet in den einzelnen Tierkreiszeichen erfährt, weil er dort sonst nicht existieren könnte. Steht ein Planet

- im **Widder,** handelt er mit großer Willenskraft, aber auch rücksichtsloser.
- im **Stier,** wird er beständiger und bedächtiger, aber auch unbeweglicher.
- im **Zwilling,** wird er intellektueller, beweglicher, aber auch rastloser.
- im **Krebs,** wird er gefühlsbetonter, aber auch egozentrischer, launenhafter und ängstlicher.
- im **Löwen,** wird er mutiger und ausdrucksstärker, aber auch geltungsbedürftiger.
- in der **Jungfrau,** wird er praktischer und analytischer, aber auch vorsichtiger und misstrauischer.

Eine Sonne, die im elften Haus engagiert worden ist, kann sich mit ihren heldenhaften Anlagen als Rädelsführer von Gleichgesinnten entwickeln. Aufgrund des Bühnenbildes stellt sich dann heraus, wo sie dieser Rädelsführer ist: entweder bei Greenpeace (Fische) oder im Bezirksausschuss (Steinbock) oder bei den Hell Angels (Skorpion).

Das Lebenstheater

- in der **Waage,** wird er ausgleichender und beziehungsfreudiger, aber auch entscheidungsunfähiger und auf Äußerlichkeiten gerichtet.
- im **Skorpion,** wird er scharfsichtiger, entschiedener und konsequenter, aber auch emotionsgebundener, obsessiver, und Macht wird zum Thema.
- im **Schützen,** wird er philosophisch und großzügiger, aber auch unbeständiger und angeberisch.
- im **Steinbock,** wird er achtsamer, ehrgeiziger, konservativer und nüchterner.
- im **Wassermann,** geht es um Freiheitswillen und Originalität, aber auch um Sprunghaftigkeit und Gefühlsferne.
- in den **Fischen,** wird er sensibler, gefühlvoller, aber auch unentschiedener, haltlos und nicht greifbar.

Die Stier-Venus kann vor einem freiheitlichen (Wassermann) Bühnenbild mit ihren Flexibilitätsschwierigkeiten im achten Haus wahrscheinlich besser zurechtkommen als der freiheitsliebende Uranus mit einem sehr festhaltenden und als Nest ausgepolsterten Bühnenbild des Stieres.

Sonne und Mond in den Zeichen

Diese allgemeine Definition der Planeten in den Zeichen lässt schon sehr gute Schlüsse über unsere Persönlichkeit zu, doch unsere persönlichsten Planeten, die Sonne und der Mond, haben eine so große Wichtigkeit in unserem Leben und in unserem Horoskop, dass sie genauer erwähnt werden. Die Sonne erzählt über unsere Lebenskraft, der Mond über unsere Emotionalität.

- Widder
  Die Sonne im Widder: der Kämpfer und der Sieger
  Der Mond im Widder: die Frau, die sich nicht unterordnet, und der Mann, der starke Frauen sucht
- Stier
  Die Sonne im Stier: der Besitzer und Bewahrer
  Der Mond im Stier: der häusliche Frieden und die übermäßige Mütterlichkeit
- Zwilling
  Die Sonne im Zwilling: der Schauspieler und der Vermittler
  Der Mond im Zwilling: rationalisiert sein Gefühl und ist überall zu Hause

Vitalität und Emotion

- Krebs
  Die Sonne im Krebs: die fürsorgliche Mutter und das geborgene Kind
  Der Mond im Krebs: braucht viel Gegenliebe, kapriziöse Launen und hat viel Phantasie
- Löwe
  Die Sonne im Löwen: der Schöpfer und das göttliche Kind
  Der Mond im Löwen: Gefühlsinszenierung, Optimismus und seelische Stärke
- Jungfrau
  Die Sonne in der Jungfrau: der Diener und der Ökonom
  Der Mond in der Jungfrau: der Gesundheitsapostel und der Analytiker
- Waage
  Die Sonne in der Waage: das Paar und der Ausgleich
  Der Mond in der Waage: Konfliktvermeidung und Schönheitssinn
- Skorpion
  Die Sonne im Skorpion: der Machthaber und der Ideologe
  Der Mond im Skorpion: Gefühlstiefe, Gefühlsintensität und Gefühlsausbruch
- Schütze
  Die Sonne im Schützen: der Mentor und die Sinnsuche
  Der Mond im Schützen: die Abenteuerlust, die Expansion und die Suche nach Sinn
- Steinbock
  Die Sonne im Steinbock: der Meister und das Gesetz
  Der Mond im Steinbock: Statusbeziehung und verschlossenes Gefühl
- Wassermann
  Die Sonne im Wassermann: der Narr und die Freiheit
  Der Mond im Wassermann: Heimatlosigkeit und Unabhängigkeit
- Fische
  Die Sonne in den Fischen: das Medium und das Verschwinden
  Der Mond in den Fischen: das Mitgefühl und das Gefühlschaos.

Sonne und Mond in den Zeichen: Die Sonne gibt Auskunft über unsere Lebenskraft und Handlungsmotive, der Mond über unsere Emotionalität und seelischen Bedürfnisse.

Planetenverzeichnis

Grundsätzlich sind die Aussagen über die Planeten im Kapitel »Die zwölf astrologischen Prinzipien« auf den Seiten 27–36 zu finden. Damit Sie aber über Variationsmöglichkeiten – beispielsweise zur Feststellung von Erlebensebenen – verfügen, finden Sie hier eine Stichwortliste zu den jeweiligen möglichen Planetenwirkungen in den Häusern.

Die Sonne in den Häusern

In dem Haus, in dem die Sonne steht, wollen wir strahlen, wollen wir ein Held sein. Dort, wo die Sonne steht, handeln wir. Die Sonne setzt – je nach Veranlagung und Entwicklung – all ihre Aktivität, Vitalität und schöpferischen Kräfte dafür ein, auf diesem bestimmten Lebensgebiet vorwärts zu kommen. Die Kraft der Sonne treibt uns gerade hier zur Selbstverwirklichung. Dabei hat dieses Haus, in dem die Sonne steht, immer mit jenem zu tun, das vom Löwen angeschnitten ist, also dessen Herrscher sie ist. Wenn Sie sich diese beiden Häuser ansehen, so werden Sie feststellen, dass die Idee zur Handlung dem Haus entspringt, das vom Löwen angeschnitten ist. Dazu ein Beispiel: Der Sänger Luciano Pavarotti wurde mit der Sonne im dritten Haus geboren, die über das Zeichen Löwe an der Spitze des ersten Hauses herrscht. Er singt nicht nur mit schöner Stimme (Haus 3), er ist die schöne Stimme in Person.

Die Platzierung eines Planeten hat immer zu tun mit dem Haus, über das er Herrscher ist, das also angeschnitten ist von dem jeweils einem Planeten zugeordneten Tierkreiszeichen. Um dies zu verdeutlichen, werden auf den folgenden Seiten zu jedem Planeten Beispiele angeführt.

Haus 1: Aktive Selbstverwirklichung, Selbstbehauptung, herzliche Ausstrahlung; Selbstüberschätzung, Prahlerei, Geltungstrieb
Haus 2: Verwurzelung, Realitätssinn, Geschäftstüchtigkeit, Großzügigkeit; Geiz, Besitzgier, Unbeweglichkeit, Sicherheitsdenken
Haus 3: Kontaktfreude, Verhandlungsgeschick, Geselligkeit, Vielseitigkeit, Schauspieltalent, Neugierde; Kopflastigkeit, geringe Ausdauer, Zersplitterung der Interessen, Schläue, Besserwisserei

Haus 4: Romantisches Gemüt, Familien- und Heimatsinn, Einfühlungsvermögen; Unselbstständigkeit, Sentimentalität, keine Übereinstimmung von Gefühl und Handlung

Haus 5: Persönlichkeit mit starker Ausstrahlung, Kreativität, vitale Lebensfreude, Herzlichkeit; Herrschsucht, Hochmut, Egozentrik, Spielernatur

Haus 6: Bescheidenheit, Pflichtbewusstsein, Genauigkeit, Einfügen in die Realität; Überanpassung, Leistungsdruck, Opportunismus

Haus 7: Diplomatie, Übereinstimmung, Bezogenheit, Herzlichkeit in Begegnungen; Abhängigkeit, Unentschlossenheit, Äußerlichkeit

Haus 8: Tiefe, Hintergründigkeit, Führungsqualitäten, Schamanismus, Durchhaltevermögen; Machtmissbrauch, Skrupellosigkeit, Zerstörung, Vorstellungsgebundenheit

Haus 9: Idealismus, Gerechtigkeitssinn, Toleranz, Expansion, Philantrop, Reiselust; Hochstapelei, Selbstgerechtigkeit, Scheinheiligkeit, Selbstüberschätzung

Haus 10: Selbstdisziplin, Zuverlässigkeit, Erfolg, Qualitäten zum Vorgesetzten, Gerechtigkeit; Ehrgeiz, Maßregler, autoritäres Verhalten

Haus 11: Reform, Toleranz, Freiheitsliebe, innovative Zielsetzung, Weltbürger, soziales Bewusstsein, Erfindungsgabe, Trendsetter; Autoritätsprobleme, Isoliertheitsempfinden, Realitätsferne, grundsätzliche Rebellion, Kühle

Haus 12: Einfühlungsvermögen und Phantasie, Spiritualität, Bewusstseinserweiterung; Grenzauflösungen, Flucht- und Suchttendenzen, Opferhaltung.

Der Mond in den Häusern

Das Haus, in dem der Mond steht, zeigt, auf welchem Gebiet wir empfänglich für Eindrücke sind; dort sind die Einflüsse unserer Herkunftsfamilie zu finden, die kindlichen Verhaltensmuster, Tradition und Kultur unseres Heimatlandes. Dort haben wir den Wunsch, Geborgenheit zu finden, sind unsere seelischen Bedürfnisse zu Hause, es ist das Weib-

**Beispiel:
Die Sonne als Herrscher von Haus 7 (d. h. Haus 7 ist vom Löwen angeschnitten) ist im Haus 6 platziert: Die kreativen und unternehmerischen Fähigkeiten sollen am Arbeitsplatz eingesetzt werden; dies wiederum beeinflusst positiv die Begegnungen und Beziehungen.**

Planetenverzeichnis

liche in uns allen. Das Haus, in dem sich der Mond befindet, steht in Beziehung zu jenem, an dessen Spitze das Zeichen Krebs steht. Marilyn Monroe hatte den Mond, Herrscher über das zwölfte Haus, im siebten Haus platziert. Sie hat der Welt – und auch ihren Partnern – eine bestimmte Rolle vorgespielt, die mit ihren eigenen Gefühlen nichts zu tun hatte. Diese verdrängte sie »erfolgreich«.

Beispiel:
Der Mond als Herrscher von Haus 3 (d.h. es ist vom Krebs angeschnitten) befindet sich im Haus 9: Die Selbstdarstellung ist vielleicht gefühlvoll, hohe Gefühlsideale mögen vorhanden sein, trotzdem könnte es sein, dass dieser Mensch gar nicht wirklich fühlt. Er müsste Einfühlungsvermögen und Verbalisierung seiner Gefühle lernen.

Haus 1: Großes Einfühlungsvermögen, Gefühlsaustausch; Autoaggression, Launenhaftigkeit, sehr mit den eigenen Gefühlen beschäftigt, zögerlich

Haus 2: Traditionalismus, Zufriedenheit, guter Instinkt; schwankender Selbstwert, finanzielle Unsicherheit

Haus 3: Gefühlsmäßiger Zugang zu Lerninhalten, rasches Erfassen von Gefühlen anderer, Imitationstalent, umfassende Sichtweise; Beeinflussbarkeit, innere Unruhe und Geschäftigkeit, Fluchtverhalten gegenüber tiefen Gefühlen

Haus 4: Nähe, Empfindsamkeit, Mütterlichkeit, künstlerische Ader; Nesthocker, Kindrolle, Launenhaftigkeit, Verträumtheit, Selbstmitleid

Haus 5: Direkte Gefühlsäußerung, Wohlwollen, Lebensfreude, Kinderliebe, Darstellungsgeschick; Dramatik, Prunksucht, Unbescheidenheit, verträgt keine Kritik

Haus 6: Pflichtgefühl, gesundes Leben, Analysefähigkeit, Hilfsbereitschaft; Misstrauen, ängstliche Lebensweise, Unterordnung, Überempfindlichkeit, Pedanterie

Haus 7: Charme, Gemeinschaftssinn, Verbundenheit, Diplomatie, Geschmackssicherheit; keine eigene Meinung und Konfliktbereitschaft, erschwerte Identitätsfindung, Unentschlossenheit, beziehungssüchtig

Haus 8: Geheimnisvolle, starke sexuelle Ausstrahlung, Suggestivkraft, Verführung, Gefühlstiefe; Gefühlskontrolle, Eifersucht, Manipulation

Haus 9: Begeisterungsfähigkeit, Hoffnung, Optimismus, Wohlwollen, Reiselust; Arroganz, Selbstgerechtigkeit, Heuchelei, emotionale Unaufrichtigkeit, Frömmelei

Haus 10: Popularität, Verantwortung, Zuverlässigkeit, Zurückhaltung; Neid, Schuldgefühle, Pessimismus, karge Gefühlsverhältnisse

Merkurische Eigenschaften

Haus 11: Besonderheit, Unabhängigkeit, Erkennen von Trends, Geborgenheit bei Freunden (Gleichgesinnten); Bindungsunfähigkeit, Unverbindlichkeit, Snobismus, Heimatlosigkeit oder »broken« home, Emotionslosigkeit

Haus 12: Schüchternheit, Rückzugsbedürfnis, mediale Fähigkeiten, Mitgefühl, Aufopferung, Phantasie; Verwundbarkeit, verdrängte Gefühle, Ohnmacht, Sucht, Instabilität, Abgrenzungsprobleme.

Merkur in den Häusern

Dort, wo Merkur steht, ist – wenn die zwillinghafte Seite angesprochen wird – unsere Kommunikation zu finden, es ist der Bereich, in dem wir am beweglichsten sind. Die jungfrauhafte Seite bringt Merkur dazu, sehr genau und analytisch auf Situationen und Gegebenheiten zu reagieren. Die Häuser, die von Zwilling und Jungfrau angeschnitten sind, stehen mit Merkur in unmittelbarer Beziehung. Man sollte sehen, wie man die Idee des Zwillings- und des Jungfrau-Hauses umsetzt, indem man den Platz ansieht, an dem Merkur steht. So findet man auch heraus, welche Seite des Merkur man mehr lebt.

Haus 1: Schlagfertigkeit, Diskutierfreudigkeit, vielseitige Interessen; Sarkasmus, Ungeduld, Selbstbezogenheit, Rechthaberei

Haus 2: Medienberuf, praktische Veranlagung, Geschicklichkeit, Geschäftssinn, gesunder Menschenverstand, Organisationsvermögen, Präzision, Scharfblick; Bauernschläue, geschäftliche Unseriosität, Leichtsinn

Haus 3: Lebhafte Ausdrucksfähigkeit in Schrift/Wort/Geste, Beweglichkeit, Neugierde, Informationsvielfalt, analytischer Geist, präzise Ausdrucksweise; voreilige Schlussfolgerungen, Nervosität, Kritiksucht, Unehrlichkeit

Haus 4: Erinnerungsvermögen, Poesie, Mobilität, Wille, seine Gefühle zu verstehen, Selbstkritik, Heim als Kommunikationsort oder als Arbeitsplatz; Streit, Zersplitterung, Subjektivität

Beispiel:
Merkur als Herrscher von Haus 5 (dieses Haus ist vom Zwilling angeschnitten) in Haus 7: Die schöpferische Kreativität soll hier in irgendeiner Form zum Ausdruck gebracht und dann in die Begegnung getragen werden: verbal oder schriftlich, als Entwurf oder gestalterisch. Auch ein kommunikativer Umgang mit Kindern ist hier gefragt.

Haus 5: Künstler, Kunstverständnis, schöpferische Kreativität geistiger und praktischer Natur, strategisches Denken, geistige und körperliche Beweglichkeit, Sport; Wissensdünkel, Affektiertheit

Haus 6: Methodik, Genauigkeit, Analysefähigkeit, Bewältigung vieler verschiedener Aufgaben; Ruhelosigkeit, übertriebene Sorgen um die Gesundheit, Schwierigkeiten mit Arbeitskollegen

Haus 7: Intensiver Kommunikationsaustausch, intellektuelle Anregungen, Retter in der Not, Vermittler; Klatsch, Unbeständigkeit, Unfähigkeit, sich festzulegen, Unzuverlässigkeit, Kritik, Kopflastigkeit – dies alles im Zusammenhang mit Begegnungen und Beziehungen

Haus 8: Forschergeist, hohes Abstraktionsvermögen, tiefes Erleben und Verarbeiten, erhöhtes Interesse für Sexualität und Todesthemen; Voyeurismus, Grübelei, Intrigen, zwanghaftes Denken

Haus 9: Entdeckerfreude, Sinnsuche, Geschäftsreise, Horizonterweiterung, höheres Studium, Lehren; einseitiges Denken, festgefahrene Lebenseinstellung, Missionieren, Vorurteile

Haus 10: Medienberufe, auch mehrere Berufe, politisches Interesse, Wirtschaftlichkeit, manuelle Geschicklichkeit, exakte Arbeit; Pedanterie, Kommunikationsprobleme, Verständnisschwierigkeiten, Berechnung

Haus 11: Trendsetter, Gruppensprecher, Austausch, Selbsterkenntnis und Weiterbildung mit Gleichgesinnten, Kontaktbegabung, sorgfältige Freundesauswahl; missverstanden werden, Unschlüssigkeit, Wankelmut, visionäre Utopien, Leichtsinn, Opportunismus

Haus 12: Lebhafte Phantasie, Assoziationsvermögen, bildhaft im Denken und Ausdruck, Einfühlungsvermögen, intuitives Wissen um Zusammenhänge; Täuschung, Wunschdenken, Beeinflussbarkeit, Kommunikationsschwäche und Unverstandensein, Verwirrung.

> **Beispiel: Merkur als Herrscher von 7 (angeschnitten vom Zeichen Jungfrau) in Haus 10:** Skepsis, Perfektionismus und Kleinkrämerei, die sich in Beruf und gesellschaftlichem Leben äußern oder Kritik, die an den Zuständen in der Gesellschaft geübt wird, sind hier die Fallstricke. Die Fähigkeit der Beobachtung und Analyse könnte gut beruflich eingesetzt werden!

Venus in den Häusern

Dort, wo Venus steht, will man das Gefühl haben, geliebt zu werden, dort ist zu sehen, was uns anzieht und was wir mögen, aber auch unser

Harmonische Venus

Wunsch nach Harmonie und unsere Erwartungen an unser Gegenüber sowie eine Neigung zur Unentschiedenheit. Dies ist vor allem die waagehafte Seite der Venus. Die stierhafte Seite äußert sich in Sicherheits- und Abgrenzungsbedürfnis. Das Haus, in dem Venus steht, ist immer in Beziehung zu den Häusern zu sehen, die von Stier bzw. Waage angeschnitten sind, diese beeinflussen sich gegenseitig.

Haus 1: Das »gewisse Etwas«, Charme, Liebenswürdigkeit, optimistische Lebenseinstellung; Manipulation, Bequemlichkeit, Unaufrichtigkeit, Selbstgefälligkeit, zu viele Interessen, Mangel an Genauigkeit

Haus 2: Sinnlichkeit, Schönheitssinn, Takt und Höflichkeit, Geschäftssinn, Gerechtigkeitssinn; gesellschaftliches Wohlverhalten, besitzergreifend, Verschwendungssucht, Gier, Geiz

Haus 3: Liebevolle Zuwendung, Freude am Wissen, Anpassungsfähigkeit, künstlerische Veranlagung, die »schöne Stimme«, taktvolle Überredungskunst; Oberflächlichkeit, Wunschdenken, überangepasste Diplomatie

Haus 4: Tiefe Verwurzelung, Harmoniebedürfnis, stilvolles und gemütliches Zuhause, Sicherheitsbedürfnis; starkes Wertdenken, Melancholie, Mangel an emotionaler Abgrenzung

Haus 5: Schöpferische Betätigung, ästhetische Selbstdarstellung, Ausstrahlung, verliebt in die Liebe, Liebe zum Spielerischen; Narzissmus, Eitelkeit, Starallüren, Vordergründigkeit

Haus 6: Die Liebe zum Arbeitsplatz, harmonische Arbeitsatmosphäre, stilvoller Alltag, Gesundheit und Schönheit als Beruf, Ausdauer, praktischer Sinn; Perfektionszwang, Reinlichkeitszwang, Mimosenhaftigkeit, Misstrauen, zu wenig Eigeninitiative in der Partnerschaft, »Dienstleistungsvenus«

Haus 7: Bezogenheit, Kunstsinn, Diplomatie und Taktgefühl, modisches Talent, Freundlichkeit; Besitzdenken, Eifersucht, Beziehungen als Absicherung, inneres Unbeteiligtsein

Haus 8: Geld und Besitz durch andere, Geschäftsbegabung, Leidenschaftlichkeit, Charisma, Liebesmagie; Eifersucht, Besitzanspruch, sexuelle Abhängigkeiten und Verstrickungen

Beispiel:
Venus als Herrscher von 1 (also AC Stier) im ersten Haus: Die Gefahr bei einer solch geballten Ladung von Stier-Energie ist eine übertriebene (materielle) Absicherung sowie eine gewisse Sturheit, vor allem im Durchsetzen der eigenen Interessen. Wichtig ist es hier, die Genussfähigkeit, aber auch die Beweglichkeit zu trainieren.

Beispiel: Venus als Herrscher von 1 (Aszendent Waage) im Haus 8: Menschen mit dieser Anlage sind meist der personifizierte Charme. Man darf aber nie vergessen, dass die Venus ein Luftzeichen, ein Denktypus ist! Man nennt diese Stellung bezeichnenderweise auch »die Faust im Samthandschuh«.

Haus 9: Reise- und Abenteuerlust, Auslandsbeziehungen, Gerechtigkeitssinn, Popularität, Toleranz in der Liebe, Wissensvermittlung; gesellschaftsfähige Philosophie, Bildungsdünkel, Überschwänglichkeit

Haus 10: Berufe in der Öffentlichkeit werden bevorzugt: Mode, Kunst, Diplomatie, Unterhaltungsbranche, Anwalt, Politiker, Therapeut, Wohltätigkeitssinn, Treue, Repräsentation, Beliebtheit; Eitelkeit, Geltungssucht, Hochmut, Karriereabhängigkeit, starkes Statusbewusstsein

Haus 11: Gleichberechtigung, Loyalität gegenüber Freunden, Beliebtheit bei Freunden, Liebe zu Gleichgesinnten, Kontaktfreudigkeit; idealisierte Freundschaften oder, abhängig von ihnen, utopische Harmonievorstellungen

Haus 12: Hingabefähigkeit, Feinfühligkeit, musische Inspiration; Illusionen, Verklärung, Schwermut, Wunschvorstellungen, geheime Beziehung, unerfüllte Liebe, Beziehungsambivalenz.

Mars in den Häusern

In dem Haus, in dem Mars steht, hat man die größte Durchschlagskraft – im positiven wie im negativen Sinn. Das Haus, das von Widder angeschnitten wird, sollte man sich ebenfalls ansehen. Es legt den Grundstein dafür, wie sein Herrscher Mars in dem betreffenden Haus agiert.

Haus 1: Direktheit, Initiative, Durchsetzung, Risikobereitschaft, Kampfeslust, Unabhängigkeit; Rücksichtslosigkeit, fehlende Kompromissbereitschaft, Übereilung

Haus 2: Finanzielle Entschlossenheit und Wagemut, Effektivität; Verbissenheit, Ungeduld und Impulsivität in Bezug auf Finanzen und materielle Werte, Selbstüberschätzung, Willkür

Haus 3: Sportlichkeit, Beweglichkeit, schnelles und waches Denken, scharfer Verstand, Schlagfertigkeit, Beredsamkeit, Debattierfreude; Ruhelosigkeit, angespanntes Nervensystem, Streitsucht, Jähzorn

Haus 4: Kämpferseele, Beschützerinstinkt, Unabhängigkeit; seelische Spannungen, häusliche Konflikte, Antriebsschwäche, Haustyrann

Haus 5: Spieler, Sportler, feuriger Liebhaber, Ehrgeiz, Begeisterungsfähigkeit, Wagemut, Dynamik, Initiative, Selbstbewusstsein; Dramatik, Autoaggression, Machoverhalten, Übermut, Choleriker, Imponiergehabe, Erziehen der Kinder zu rascher Eigenständigkeit

Haus 6: Betriebsrat, Organisationstalent, ökonomischer Kräfteeinsatz, Körperpflege und Fitness; Arbeitswut, Einzelkämpfer, Autoaggression, Reizbarkeit

Haus 7: Gerechtigkeitssinn, Offenheit für Beziehungen, sehr lebhafte Beziehungen; Machtspiele, Rivalität und Aggressivität in Begegnungen und Beziehungen

Haus 8: Leidenschaftlichkeit, Aufspüren von Verborgenem, Unerschrockenheit; Konflikte mit Besitz von anderen, verborgene (sexuelle) Konflikte, Leitbildfixierung, Gewalt und Zerstörung

Haus 9: Tiefe philosophische Überzeugungen, Auslandsbeziehungen, Abenteuerurlaub, Expansionsdrang; Fanatismus, Abgeben von Verantwortung an ein »höheres Gesetz«, Selbstgerechtigkeit, Jähzorn

Haus 10: Durchsetzung, Einsatz für Recht und Ordnung, Initiative; Ehrgeiz, hohe Kampfbereitschaft, Konkurrenzempfinden

Haus 11: Mannschaftssportler, Unabhängigkeitswille, Gruppenanführer, Initiator von Reformen; Eingriffe in das Leben von Freunden, Herausforderung von Widerstand, Anarchie

Haus 12: Repräsentation des Zeitgeistes, Altruismus, sich einer großen Sache hingeben; Märtyrertum, Intrigen, selbstzerstörerisches Verhalten, Flucht und Masken, verdrängte Aggression und Selbstdurchsetzung.

**Beispiel:
Mars als Herrscher von Haus 12 (dieses Haus wird vom Widder angeschnitten) steht im Haus 3: Ein solcher Mensch wird hier möglicherweise starre Grenzen und Strukturen in Bezug auf Bildung aufzulösen versuchen und persönliche Alternativen der Kommunikation durchsetzen und nicht etwa Auseinandersetzungen aus dem Weg gehen.**

Jupiter in den Häusern

Das Haus, in dem Jupiter steht, ist geprägt davon, dass die Dinge einen Sinn haben müssen. Hier haben wir die Chance, einsichtig zu werden, unseren Horizont zu erweitern. Aber auch die Expansion per se ist Jupiter, was natürlich auf jedem Gebiet die Gefahr der Übertreibung impliziert. Es herrscht oft ein gewisser Überfluss: an Optimismus, an Arbeit, an Dogmen, Plänen und Weltschmerz. Das von Jupiter beherrschte

Haus, also jenes, das vom Schützen angeschnitten ist, ist oft der Hintergrund unserer Expansionswünsche bzw. wird dafür verwendet.

Beispiel: Jupiter als Herrscher von Haus 10: Einem Menschen, dessen zehntes Haus vom Schützen angeschnitten ist, fällt es oft schwer, den Maßstab von Gut und Böse in Frage zu stellen. Steht Jupiter dann z. B. im Haus 8, so wird vielleicht nur ein einziges, ganz bestimmtes Konzept gutgeheißen und alles andere rigoros ausgegrenzt.

Haus 1: Philosophische Veranlagung, Inspiration, Expansion (allerdings auch körperlich!), optimistischer Lebensausdruck, Abenteurer; Gefühl der Großartigkeit, Gönnerhaftigkeit, mangelnde Frustrationstoleranz

Haus 2: Überfluss, Wertschätzung, Großzügigkeit, Erwerbstrieb; Protzerei, Verschwendung, Spekulation

Haus 3: Einfallsreichtum, Erweiterung des Horizonts, große Familie, Sprachentalent; Vielredner, »ewiger Student«, »Menschenbeglücker«

Haus 4: Aristokratie, Freiheitsdrang, Suche nach der spirituellen Heimat, Urvertrauen, Fortschrittlichkeit; Standesdünkel, Pathos, Gefühlsinflation

Haus 5: Selbstdarstellung, schöpferischer Ausdruck, Abenteuersportarten, Glücksspiele, Großmut, viele Liebesbeziehungen; Subjektivität, innere Unruhe, Euphorismus, Angeberei, Theatralik

Haus 6: Stabile Gesundheit, gute Beziehungen zu Kollegen, hohe Arbeitsmoral, Wandel durch Krankheit; exzessives Essen und Trinken oder Gesundheitstick, moralische Prinzipienreiterei

Haus 7: Freiheitsbedürfnis und Sicherheitsbedürfnis in Beziehungen, Beziehungen zu Ausländern, Großzügigkeit, Bewusstseinserweiterung, Optimismus; Unverbindlichkeit, Gönnerhaftigkeit, Großzügigkeit, die an Bedingungen geknüpft wird, oder Warten auf den Mäzen, Erwartungshaltung in der Partnerschaft

Haus 8: Sinnerfüllung, metaphysisch gefärbte Überzeugungen, Glücksgefühle durch Wandlung, Erbschaft; »Don Juan«, Selbstverherrlichung, Wahnideen, Obsessionen

Haus 9: Gerechtigkeitssinn, hohe moralische Werte, Edelmütigkeit, Reisen zur Sinnfindung, Inspiration, guter Lehrer; Pathos und Schwülstigkeit, Scheinheiligkeit, Dogma, Belehrung

Haus 10: Berufe, die mit der Öffentlichkeit zu tun haben: Juristen, Politiker, Management, beruflicher Erfolg, Anerkennung, Bevorzugung, Berühmtheit, Ehre, Interesse für Religion und Philosophie; Herrscherpose, Hochstapelei, Missgunst, Ruhm als göttlich empfinden

Haus 11: Guru oder Held für Freunde und Gruppen, humanitäre Ideale, viele Freunde, soziale Aktivitäten, Entdeckergeist; unbeschränkte Zielsetzung, Energiezersplitterung, Realitätsverlust

Haus 12: Urvertrauen, Gläubigkeit, Medium für Inspiration und Heilkräfte, Sinnfindung in der Zurückgezogenheit; übertriebener Idealismus, missionarischer Eifer, Missbrauch von Alkohol und Drogen.

Saturn in den Häusern

Dort, wo Saturn steht, ist oft erst einmal mit Blockaden, Störungen, Einschränkungen und Angst im Sinne des Hauses zu rechnen und ein normatives Verhalten zu finden, ehe es jemand wagt, seine Individualität auszubilden. Das Haus, das von Steinbock angeschnitten ist, steht in enger Beziehung dazu.

Haus 1: Starkes Verantwortungsgefühl, Entschlossenheit, Realitätssinn, Durchhaltevermögen; Übervorsichtigkeit, starke Selbstkritik, das Gefühl, unzureichend zu sein, Verschlossenheit, Pessimismus, Strenge, Lebensangst

Haus 2: Vorsichtige, sichere Planung, Ausdauer, geschäftlich integer; Wertunsicherheit, starkes Sicherheitsdenken, Statussymbole, Minderwertigkeitskomplex

Haus 3: Strukturiertes Denken, Ernsthaftigkeit, Tiefsinnigkeit; Schweigsamkeit, Sprachschwierigkeiten, körperliche Einschränkungen, Engstirnigkeit, Unbeweglichkeit

Haus 4: Seelische Stärke, Pflicht- und Verantwortungsgefühl der Familie gegenüber; fehlendes Sicherheitsgefühl, Schuldgefühle, Gefühl des Ungenügens, Angst vor seelischer Berührung, emotionale Mangelerfahrung (seelischer Hunger)

Haus 5: Lebensernst, gut strukturiertes Unternehmen, hartes Arbeiten; Selbstkritik, Selbstunsicherheit, Angst vor Zurückweisung, normative Kreativität, Angst vor Selbstständigkeit, unterdrückter Spieltrieb und unbefriedigendes Liebesleben

Beispiel:
Saturn als Herrscher über Haus 2 heißt, dass diese Häuserspitze im Steinbock steht. Der dazugehörige Saturn ist z.B. im Haus 7 platziert. Diese Anlage, in der Hemmung erlebt, kann bedeuten, dass man im Außen gemaßregelt und so in seinem Eigenwert eingeschränkt wird. Hier gilt es, Saturn mit eigenen Inhalten zu füllen.

Haus 6: Sachlichkeit, organisatorische Fähigkeiten, guter Blick fürs Detail, Heilen; Überforderung vom Alltag, Starrheit, Ängstlichkeit, Gesundheitsfanatiker

Haus 7: Verbindlichkeit, Halt in der Beziehung, Beständigkeit; Angst vor Verletzungen und Nähe, Kontaktschwierigkeiten

Haus 8: Selbstkontrolle, innere Festigkeit, Treue; Isolierung, Hemmungen im sexuellen Bereich, Schwierigkeiten mit Verträgen und dem Geld anderer, Hingabeschwierigkeit, unauflösliche Beziehungen (»bis dass der Tod uns scheidet«)

Haus 9: Weisheit im Alter, Glaubensfestigkeit, strenge Weltanschauung, »der Ernst ist der Sinn«; Schwierigkeiten auf Reisen, konservative Religiosität, Dogmatismus, Angst vor Erweiterung des Weltbildes, Bildungsmangel

Haus 10: »Politikerkonstellation« (Brandt, Kohl, Lafontaine, Kennedy etc.), Vorbild, Autorität, Führung, steile Karriere durch Fleiß; gesellschaftliche Zwänge, normativ ausgerichtetes Leben, traditionelle Werte und Rollen, Maßregler, Richter, berufliche Misserfolge (»der Sturz aus der Höhe«)

Haus 11: Fähigkeit zu loyalen, dauerhaften Freundschaften, Vorstand einer Gruppe, soziales Verantwortungsbewusstsein, Abstraktionsvermögen, Forschergeist; Zukunftsangst, Schwierigkeiten mit Freunden und Gruppen (Idealvorstellung)

Haus 12: Demut, Beschäftigung mit Grenzwissenschaften, inneres Durchhaltevermögen; Angst vor Kontrollverlust und Verlust der Individualität, Rückzug, Ängstlichkeit durch vorgeburtliche Schwierigkeiten, Schuldgefühle.

Beispiel: Saturn als Herrscher von Haus 12 (Spitze Steinbock) in Haus 6: Menschen mit dieser Anlage müssen auf ihr Recht in der Arbeitssituation achten, verdrängen vielleicht alles, was sich außerhalb der Norm und Anerkennung befindet. Die Angst vor der eigenen Phantasie und vor vermeintlichen Grenzen muss hier überwunden werden.

Uranus in den Häusern

Dort, wo Uranus steht, ist die Progressivität zu finden, über die ein Mensch verfügt, die Möglichkeit, aus der Enge eines stecken gebliebenen Lebens Neuland zu betreten. Dies ist der Ort der Befreiung, dort haben wir die Chance, überholte Normen und Strukturen des Saturn aufzubrechen, neue Wege zu gehen. Dort sind aber auch alle plötzlichen Ereignisse, Umschwünge, Unfälle zu suchen. Das Haus, das von Wassermann angeschnitten ist, sollte in die Betrachtung des Planetenstandortes mit einbezogen werden, so kann sich der Schlüssel zu bestimmten Verhaltensweisen finden lassen.

Haus 1: »Elektrisch aufgeladen«, der »progressive Pionier«, originell und erfindungsreich, Spontaneität, Freiheitsliebe; Dickköpfigkeit, Rebellion um der Rebellion willen, Schwierigkeiten in der Persönlichkeitsbildung, Sprunghaftigkeit, Schwierigkeiten, Störungen beim Beginnen einer Sache

Haus 2: Plötzliche Umschwünge in Bezug auf materiellen Besitz, Vereinbarkeit von Idee und konkreter Durchführung; materielle Instabilität und Lebensbrüche

Haus 3: Erfindungsreich, intuitives Denken, blitzartige Einsichten, futuristische Ideen, exzentrische Selbstdarstellung; Anpassungsschwierigkeiten, Rastlosigkeit, nervliche Anspannung

Haus 4: Unabhängigkeit, Wahlfamilie, unkonventionelle zweite Lebenshälfte; Ruhelosigkeit, Wurzellosigkeit, Ungeborgenheit, plötzliche familiäre Veränderungen

Haus 5: Ungewöhnliche und erfinderische Kreativität, Improvisationskunst, neue künstlerische Methoden und Anschauungen, Exzentrik, unkonventionelle Liebesverhältnisse; plötzliche Vitalitätseinbrüche, Promiskuität, Unzuverlässigkeit im Handeln

Haus 6: Freiberuflicher, Bewegungsfreiheit und Veränderung in der Arbeit, neue Technologien, neue Therapieformen, Exote im Alltag anderer; Nervosität, Anpassungsprobleme, diskontinuierliche Arbeitsweise

Haus 7: Originelle oder außergewöhnliche Begegnungen und Beziehungen, Erweiterung des üblichen Beziehungsrahmens, Freiwilligkeit; Begegnungsambivalenz, Bindungsangst, Unzuverlässigkeit

Haus 8: Sexuelle Neugierde, Sublimierung des Sexualtriebes, Entdecken verborgener Lebensgesetze oder plötzliche Eingebungen, unvorhergesehene Erbschaften; plötzlich geänderte Lebensrichtung, jähes Ende von Freundschaften

**Beispiel:
Uranus als Herrscher von Haus 10 (d. h. Haus 10 ist vom Wassermann angeschnitten) ist im Haus 3 platziert: Der unkonventionelle Beruf bringt einen ebenso unkonventionellen Selbstausdruck mit sich, vielleicht in Form der Kleidung oder der Art der Kommunikation.**

Planetenverzeichnis

Beispiel: Uranus als Herrscher von Haus 1 (also AC Wassermann) gibt im Haus 4 sein Gastspiel: Die Ungebundenheit, Leichtigkeit und Intuition dieses Zeichens sowie ein Schuss Nomadentum machen nicht nur den innersten Wesenskern dieses Menschen aus, auch sein innerstes seelisches Anliegen wird angesprochen.

Haus 9: Freiheitliche Glaubensauffassung, fortschrittliche Formen des Lehrens, neue Ideen und Einsichten, neue Forschungen, häufige, kurze Auslandsaufenthalte, seine Weltanschauung im Ausland finden, das Fliegen; das Abheben, abstrakte Philosophien

Haus 10: Mehrere oder ungewöhnliche Berufe, Reformationen, mit Originellem an die Öffentlichkeit gehen; berufliche Umstürze, Opfer oder Auslöser gesellschaftlicher Entwicklungen, die Opposition

Haus 11: Streben nach Befreiung, globales Bewusstsein, der Revolutionär unter den Revolutionären; umstürzlerische Ideen, häufige oder auch späte radikale Änderung des Lebensziels

Haus 12: Plötzliche Eingebungen und Erkenntnisse, Befreiung von unbewussten Mustern, Gespür für zukünftige Entwicklungen; Einsamkeitsgefühle, plötzliche Eingriffe ins Leben, die als kosmisch empfunden werden.

Neptun in den Häusern

Neptun hat in dem Haus, in dem er platziert bzw. das von den Fischen angeschnitten ist, eine auflösende Wirkung. Dort sind wir oft das »unschuldige Opfer«, das Hilfe sucht, oder wir sind für andere Retter und Helfer in der Not. In diesem Bereich sind wir am leichtesten zu täuschen, sehen manchmal nur das, was wir sehen möchten, oder entziehen uns durch Flucht. Dort ist die nahezu unstillbare Sehnsucht zu Hause, in einem größeren Ganzen aufzugehen, was sich in Sucht und Schein äußern kann, aber manchmal, wenn wir ganz bei uns sind, fühlen wir uns eins in der Heiligkeit aller Wesen, können wir eine Ahnung davon bekommen, was der Kosmos wollen könnte ...

Haus 1: Spiegel des Gegenübers, Sensibilität für andere, rätselhafte Ausstrahlung; keine eigene Identität besitzen, nicht (richtig) gesehen werden, ziellose Lebenswanderung, Durchsetzungsprobleme

Haus 2: Spirituelle Werte; Angst vor materiellem Mangel, Auflösung materieller Werte, Diebstahl und Betrug, Abgrenzungsprobleme

Haus 3: Verborgenen Sinn entdecken, Ausdruck mit künstlerischen Mitteln, Inspiration, telepathische Fähigkeiten; Missverständnisse, verschwommener oder rätselhafter Ausdruck, verwirrte Gedanken

Haus 4: Kindheit als glücklich erlebt, Heim als spiritueller Kraftort, Haus am Meer, erweiterte Identität; unklare Herkunft, Suchtprobleme in der Familie, Opfer im häuslichen Bereich, die geopferte Heimat

Haus 5: Lebhafte Phantasie, ausgeprägte Kreativität, Wassersport; Suchtproblematik, Spielleidenschaft, grenzenlose Romanzen

Haus 6: Heilberufe, Homöopathie, starkes soziales Engagement; empfindliche Nerven, Probleme mit der Alltagsbewältigung

Haus 7: Selbstlose Liebe, Hingabefähigkeit, spirituelle Beziehungen, Therapeut oder Heiler; romantische idealisierte Vorstellung von Beziehung, Scheinbeziehung, Opferhaltung oder Retterspiel

Haus 8: Verschmelzung, erhellende Einsichten, Suche nach dem Geheimnisvollen; Obsessionen, Selbstzerstörung, Opfer fremder Mächte

Haus 9: Tiefe Einsichten durch spirituellen Weg oder durch lange Reisen, Pilgerreisen; Hoffnung auf Rettung durch Philosophie oder Religion, enttäuscht von Ausbildungs- und Gesellschaftssystemen

Haus 10: Stark künstlerisch geprägte Berufe, Berufe mit Vorbildfunktion oder Idole der Massen, Heilbringer, Sozialberufe, Menschen mit starker Anziehungskraft; Unschlüssigkeit und Verwirrung bei der Berufsfindung und im Umgang mit gesellschaftlichen Spielregeln, Menschen in gesellschaftlichen Außenseiterpositionen

Haus 11: Humanitäre und soziale Ziele, ausgeprägtes Gemeinschaftsgefühl; utopische Visionen, Enttäuschung in Freundschaften, Außenseiter in Gruppen, unklare gesellschaftliche Zielsetzung

Haus 12: Mystische Visionen, Hellsichtigkeit, Überschwemmung von Gefühlen und Emotionen, starke Flucht- und Suchttendenzen.

Beispiel:
Neptun als Herrscher von Haus 9 (d.h. Haus 9 steht Spitze Fische) ist im Haus 5 platziert: Ein solcher Mensch geht vielleicht einen spirituellen Weg, der tiefe Einsichten ermöglicht, löst sich von herkömmlichen Weltanschauungen und Philosophien und wendet seine Einsichten kreativ an. Dies wäre eine der »erlöst« gelebten Formen dieser Anlage.

Pluto in den Häusern

Auf dem Gebiet, das entweder von Skorpion angeschnitten ist oder in dem Pluto platziert ist, können wir nicht ganz »normal« und unkompli-

Planetenverzeichnis

Beispiel:
Pluto als Herrscher von Haus 11 (d.h. Haus 11 ist vom Skorpion angeschnitten) ist im Haus 3 platziert: Dieser Mensch ist geeignet, ein Konzept für Reformen auszuarbeiten, sofern er wirklich an Gleichwertigkeit und Gleichberechtigung interessiert ist. Die Gefahr ist hier ein autoritär durchgedrücktes Programm, Machtkämpfe und Zwanghaftigkeit.

ziert leben. Dort sind wir an alte, ererbte Muster gebunden, halten wir zwanghaft fest an fixen Vorstellungen und von der Familie übernommenen Programmen, die uns am eigenen Leben hindern, indem sie uns fremdbestimmen. Dort müssen deshalb immer wieder alte, überholte Formen zerstört werden, um neue Lebensformen hervorbringen zu können (Stirb und Werde). Das von Skorpion angeschnittene Haus zeigt, woher die plutonischen Kräfte stammen.

Haus 1: Starke Ausstrahlung, leidenschaftlicher Einsatz, Willensstärke, natürliche Autorität, taktisches und strategisches Geschick, mehrmalige Änderung der Lebensweise, Ausdauer und Unbeirrbarkeit; Machthunger, Dominanz und Kontrolle

Haus 2: Wertewandel, erotische Ausstrahlung, Überzeugungskraft; Bindung an und Macht durch Besitz und Sicherheit, Geiz, Zwanghaftigkeit, Körperfixierung

Haus 3: Tiefgründigkeit, sich Tabuthemen offen annehmen, Forschungsgeist, Eloquenz, scharfer Geist; zwanghaftes Denken, Einflusskräfte, machtvolle Darstellung, Misstrauen

Haus 4: Starke seelische Regenerationskraft, innere Stärke, starke Selbstkontrolle, Lebensumschwünge; Unterdrückung von Gefühlen, seelische Manipulation und Abhängigkeiten, emotionale Leistungsorientierung, Gefühlsprogramme

Haus 5: Schöpferische Arbeit mit tiefgreifender Wirkung, Charisma; Mangel an Spontaneität im Handeln, ritualisierte Handlungen, Großartigkeitsgefühle oder Minderwertigkeitskomplexe, Selbstüberschätzung, Egomanie, Kind als Wandlungsfaktor, sexuelle Triebhaftigkeit, Extremsportarten und Machtspiele

Haus 6: Körperliche Regenerationsfähigkeit, Heiler, große Belastbarkeit, starke Konzentration; Krankheit als Anzeiger ungelöster Lebensprobleme, Workaholic, Machtkämpfe am Arbeitsplatz

Haus 7: Berufe: Heiler und Ärzte, Berater, Rechtsanwälte, in Beziehungen kommen zum Tragen: Wandel und Veränderung der Persönlichkeit; Auftauchen von Kindheits- und Lebensproblemen, Besitz- und Kontrollwünsche, Machtspiele, Abhängigkeiten und Zerstörung

Haus 8: Außergewöhnliche Durchsetzungskraft, starke emotionale, sexuelle und aggressive Energie, Transformation, Standhaftigkeit, große Kräfte und Reserven in Krisenzeiten, Magier und Heiler; Obsessionen, mangelndes Verständnis für Freiheit und Individualität, an Familienprogramme gebunden, Okkultismus, Todessehnsucht, Selbstzerstörung, Probleme mit oder Zugang zum Besitz anderer

Haus 9: Tiefe Suche nach Sinn, Wahrheit und den letzten Lebensfragen, magisches Bewusstsein, tiefgreifende Veränderungen durch Auslandsreisen, Neubetrachtung oder Wandel von und durch Religionen und Philosophien; religiöser Machtmissbrauch, Fanatismus oder Opfer desselben

Haus 10: Beruflicher Sterbe- und Werdeprozess, Erneuerungsstreben, politisches Engagement, großer Einfluss; der »Guru«, Machtbesessenheit, Herrschsucht, Ehrgeiz, in der Kindheit schuldorientiertes Über-Ich

Haus 11: Transformation durch Freundschaften, Beschäftigung mit Tabuthemen, Zukunftsforscher, mehrmalige Revidierung des Lebenszieles; Machtkampf unter Freunden, Geheimbund, ideeller Fanatismus, Sündenbock, der Kassandra-Ruf, subversive Unterwanderung

Haus 12: Wandel und Erneuerung durch Rückzug, Aufdecken von Geheimem, Unakzeptablem in Familie und Gesellschaft; Angst vor Veränderungen.

> **Bei der Feststellung von Erlebensebenen der verschiedenen Lebensgebiete ist unsere Fähigkeit, die beiden Seiten einer Medaille zu sehen, sehr gefragt.**

Die Aspekte

Aspekte (lat. aspectare = sich ansehen) sind in der Astrologie Winkelverhältnisse von Planeten untereinander bzw. zu Häuserspitzen und anderen errechneten Punkten.

Die wichtigsten Grundaspekte

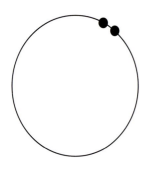

Konjunktion (0°, Orbis bis 8°)

Hier stehen Planeten nebeneinander, und es geht darum, Planetenkräfte miteinander zu verbinden. Diese Kräfte können je nach Qualität der Planeten sehr verschieden wirken, d. h., sie können sich gegenseitig unterstützen oder behindern und einschränken. Allerdings bedeutet »unterstützen« nicht immer Anlass zur Freude, denn es können auch zwei »Übertreiber« zusammenkommen. Stehen z. B. Mars und Jupiter in Konjunktion im siebten Haus (Begegnungen), so kann es sich um jemanden handeln, der entweder ständig viele (Jupiter) neue (Mars) Bekanntschaften machen will, oder er glaubt, in der Begegnung seine Weltanschauung (Jupiter) aggressiv (Mars) vertreten zu müssen.

Wenn andererseits davon die Rede ist, dass sich zwei Planeten in ihrer Qualität einschränken, so bezieht sich dies in erster Linie auf eine nicht aktiv gelebte Form der Konjunktion. Hierzu ebenfalls ein Beispiel: Steht im fünften Haus (Handlung, Vitalität, Lebensfreude, Sport, Sexualität) Venus in Konjunktion mit Saturn, so ist dies erst einmal, unbewusst erlebt, kein unterstützender Partner für die arme Venus, der Genuss kommt wahrscheinlich zu kurz. Diese Venus ist beispielsweise aufgefordert, ihre eigene Struktur (Saturn) in ihr Handeln und/oder ihre Kreativität zu bringen. Oder sie muss ihre Rechte (Saturn) auf ein erfülltes, vitales (Liebes-)Leben erkennen. Bei einer Konjunktion sind beide Planeten sehr stark aufeinander bezogen, ob sie nun wollen oder nicht. In der

Konjunktion »spielen« beide Planeten auf einer Bühne, aber wenn sie nicht im selben Stück spielen, so werden sie mit ihren Anstrengungen keinen Erfolg haben. Das wäre so, als versuchte sich der eine unentwegt an »Hamlet«, während der andere im »Sommernachtstraum« spielt.

Sextil (60°, Orbis in jeder Richtung bis 4°)

Die Wirkungsweise des Sextils ist ein wenig anders als die Konjunktion. Die beteiligten Planeten verweisen darauf, dass bei entsprechender Anstrengung eine sehr erfreuliche Zusammenarbeit möglich ist – aber es ist kein Muss, denn die Planetenverbindungen sind meist nicht auffällig. Auf jeden Fall aber macht es das Leben ein bisschen leichter.

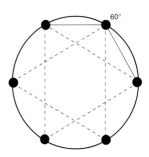

Quadrat (90°, Orbis in jeder Richtung bis 6°)

Dieser Winkel, ein Spannungsaspekt, zeigt sich als einer der herausforderndsten Aspekte im Horoskop. Hier ist erst einmal mit Schwierigkeiten und Widerständen zu rechnen, mit Hindernissen und Einschränkungen. Ein Quadrat kann sich als hochexplosive Mischung oder aber als scheinbarer Stillstand präsentieren, immer aber beinhaltet es sehr hohe Energien, die scheinbar im Hinterhalt lauern, weil man oft um die Dynamik der Wirkungsweise nicht weiß. Wenn man es lernt, diese Energien zu erkennen und mit ihnen klug umzugehen, so kann man zugegebenermaßen oft erst nach schwierigen Prozessen größere Probleme meistern, an denen andere scheitern würden. Deshalb nennt man das Quadrat einen »Leistungsaspekt«.

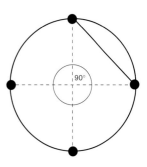

Bei einem T-Quadrat oder dem so genannten großen Quadrat ist eine Zersplitterung der Kräfte möglich. Das bedeutet, dass man sich bei einer Problemlösung erst einmal auf eine Planetenkraft konzentrieren sollte. Ist Saturn beteiligt oder die Sonne, so ist diesen Planeten der Vorzug zu geben. Auch kann man sich zur Bewältigung fließende Aspekte (Trigon und Sextil), die mit einem daran beteiligten Planeten verbunden sind, zunutze machen.

Ich möchte hier auch noch das Halbquadrat (45°) erwähnen, das man oft als psychologische »Untermauerung« eines schon einmal aufgetauchten Problems in einem Horoskop findet.

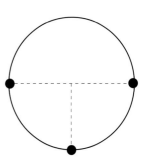

Die Aspekte

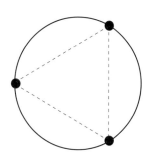

Trigon (120°, Orbis in beide Richtungen bis 5°)

Bei einem Trigon verbinden sich Planeten auf eine Art und Weise, die es erlaubt, den größtmöglichen Nutzen daraus zu ziehen. Die Harmonie dieses Aspektes bedeutet aber einen langsameren Energiefluss, was es manchmal mit sich bringt, dass der Besitzer eines Trigons das Geschenk nicht wirklich nutzt. Es ist einfach da, und es gibt keine Widerstände. Meistens sind die angesprochenen Lebensgebiete einfach kein Thema, alles funktioniert reibungslos. Es kann deshalb zu Bequemlichkeit verleiten, und andere anstehende Probleme werden nicht gelöst, weil es ja immer einen Ort gibt, an dem man sich ausruhen kann. Ich habe im Lauf meiner Praxis beobachtet, dass ein großes Trigon im Horoskop wie ein Sicherheitsnetz über dem Manegenboden wirkt. Der (Lebens-)Künstler fällt zwar manchmal vom Trapez, landet aber nie wirklich auf dem harten Boden.

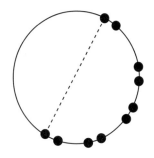

Opposition (180°, Orbis in beiden Richtungen bis 5°)

Hier stehen einander zwei (oder auch mehrere) Planeten genau gegenüber. Während ein Quadrat manchmal schwierig aufzudecken ist, kämpfen hier zwei Rivalen offen gegeneinander, wobei mal der eine, mal der andere »siegt«, bis sie sich kompromissbereit die Hände reichen.

Spiegelpunkte (Orbis bis 3°)

Ein Spiegelpunkt ergibt sich, wenn ein Planet gleich weit von der individuellen Krebs-Steinbock-Achse bzw. von der Widder-Waage-Achse entfernt ist. Beispielsweise wenn Mars auf 26 Grad Zwillinge und Neptun auf 4 Grad Waage steht und die Achse auf 15 Grad Wassermann-Löwe verläuft. Behandelt wird ein Spiegelpunkt von seiner Bedeutung her ähnlich einer Konjunktion, wobei man noch wissen sollte, dass kardinale in bewegliche Zeichen, bewegliche in kardinale Zeichen und fixe in fixe Zeichen spiegeln. Die fixen Zeichen kommen also der Konjunktion am nächsten, bei den anderen geht es neben der Vereinbarkeit der Planetenkräfte auch darum, eine Planetenverbindung entweder beweglicher zu gestalten oder mehr zu beachten.

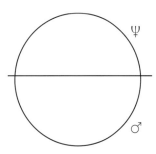

Figuren

Über die einfachen Aspekte hinaus bilden diese bestimmte Figuren. Ich möchte hier einige – wie mir scheint, wichtige – Anwendungen aufführen:

Das Yod

Seine Bezeichnung kommt aus dem Griechischen. Es wird durch das Zeichen Y ausgedrückt.

Die Figur des Yod wird gebildet aus zwei Quinkunxen (150°), die im Abstand eines Sextils zueinander stehen. Man nennt das Yod auch »Finger Gottes«. Der Planet an der Spitze des Yod, auch Fingernagel genannt, ist sozusagen der Pol, an dem der Eigner eigentlich Ruhe und Sicherheit sucht, die Quinkunx-Planeten blockieren dieses Vorhaben durch negative Einflüsse wie Unruhe und Zerrissenheit.

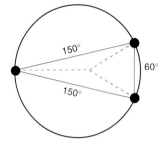

Zur Verdeutlichung möchte ich ein Beispiel aufführen: Der Fingernagel ist Mond in Haus 4; das bedeutet, dass dieser Mensch erst einmal ein Gefühl für sich selbst entwickeln muss, damit er seine Fähigkeiten einsetzen kann.

Das mystische Rechteck

Menschen mit einem mystischen Rechteck haben die Anlage, ganz außergewöhnliche Dinge zustande zu bringen, wenn die Pole in Einklang gebracht werden können. Im Allgemeinen sind solche Menschentypen in ihrem inneren Kern nur schwer aus der Fassung zu bringen und meist ziemlich zufrieden mit sich.

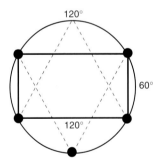

Das so genannte Spritzmuster

Bei dieser Konstellation sind alle Planeten mehr oder minder gleichmäßig über das ganze Horoskop verteilt, und mindestens an einer Stelle findet sich eine Planetenhäufung. Diese Häufung steht meist für starken Individualismus, Unabhängigkeit und viele, aber oft verschiedene und trotzdem ausgeprägte Interessen. Dass die Persönlichkeit damit einer ge-

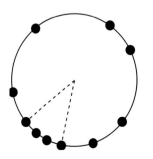

wissen Gefahr der Zerstreutheit und Zersplitterung bzw. Oberflächlichkeit ausgesetzt ist, versteht sich von selbst, wenn man sich das Bild betrachtet.

Planetenballungen

Dort, wo Planetenballungen zu finden sind, sieht man schon vom Bild her, dass es sich um ein (ge-)wichtiges Bühnenstück (gemäß der Häuserstellung) handelt, das mit speziell ausgesuchten Darstellern (gemäß den Planeten) zu spielen ist. Die Darsteller sind die Instrumente, um das Stück in die Tat umsetzen zu können. Dies bedeutet immer eine extreme Konzentration von Anlagen und Kräften, was entweder zu deren völliger gegenseitiger Hemmung oder aber – nach einem entsprechenden Anstoß – zu großer Intensität in der Umsetzung führt.

Der Keil

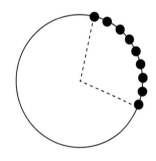

Der Keil ist eine ganz ausgeprägte Form der Ballung. Hier konzentrieren sich alle Planeten in höchstens fünf Häusern. Im Allgemeinen ist dies ein Kennzeichen für eine relativ starke Spezialisierung des Eigners, der auch meist ein sehr markanter Typ ist. Oft bleibt dem Eigner allerdings – erst einmal – gar nichts anderes übrig, als sich zu spezialisieren, denn eine Handlung oder Gefühlslage hat alle anderen Anlagen im Schlepptau. Meist erkennt ein Mensch mit einer solchen Keilformation erst später das ganze Spektrum der Lebensmöglichkeiten.

Die Sanduhr

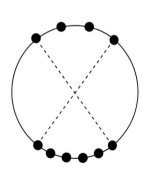

Eine beachtenswerte Form der Ballung ist die so genannte Sanduhr: Bei dieser Konstellation liegen sich zwei Planetenballungen gegenüber. Sie ist charakteristisch für einen ausgeglichenen Menschen, der unerschütterlich und eindeutig von irgendwoher irgendwohin steuert, ohne von der eingeschlagenen Richtung abweichen zu wollen, obwohl er gleichzeitig die ständige Veränderung des Lebens zu bemerken imstande ist. Die Gefahr einer solchen Konstellation ist, dass der Eigner oftmals sein eigener Widersacher wird, weil er die Balance zwischen Bedürfnissen und Möglichkeiten nicht findet.

Ein Wort zum Orbis

Es ist kaum möglich, einen so exakten Aspekt zu finden, der genau die angegebene Gradanzahl ausmacht. Daher ist eine gewisse Toleranz einzubauen, der so genannte Orbis (Umkreis, Wirkungsbereich). Dieser Orbis kann nicht starr festgelegt werden, weil immer andere Kriterien zu berücksichtigen sind.

Als Richtschnur habe ich die Gradzahlen hinter die Aspekte gesetzt. Grundsätzlich sollte man aber beachten, wie schnell sich ein Planet bewegt. Hier gilt die Faustregel: Je schneller, desto größer der Orbis. Allerdings fangen hier schon die Ausnahmen an: Bei einer Konjunktion beispielsweise hängt es auch davon ab, ob sie im gleichen Zeichen stattfindet oder nicht. Und wenn z. B. eine Planetenballung in Opposition zu einem anderen Planeten steht, so sind alle an der Ballung beteiligten Planeten zu berücksichtigen, auch wenn der Orbis zur Opposition überschritten scheint. Aspekte zwischen zwei Langsamläufern wiederum werden nur mit einem geringen Orbis wirklich zum Tragen kommen.

Wie groß die Orben gewählt werden, hängt letzten Endes von Faktoren ab, die man erst nach und nach in der Praxis einzuschätzen lernt. Eine Kursteilnehmerin hatte dazu eine ganz eigene Philosophie entwickelt: Bei Trigonen und Sextilen ließ sie mit 10 Grad je Richtung Großzügigkeit walten, während sie Quadrate in ihrem Horoskop schon ab 3 Grad Abweichung nicht mehr zur Kenntnis nahm. Sie ist übrigens Sternzeichen Schütze mit Jupiter im ersten Haus!

Unter Orbis versteht man den Wirkungsbereich von Aspekten. Je schneller Planeten ihre Position verändern, desto größer können wir den Orbis fassen. Bei den Langsamläufern wirkt sich ein großzügig gefasster Wirkungsbereich nur schwach aus.

Unaspektierte Planeten

Es kann aber auch vorkommen, dass ein Planet überhaupt keine Beziehung eingeht, weder zu einem anderen Planeten noch zu einer Häuserspitze oder einem errechneten Punkt; man spricht dann von einem unaspektierten Planeten. Ihm fehlt es einerseits an Ausdrucksfähigkeit, andererseits kommt ihm große Bedeutung zu, weil er oft unter großen Anstrengungen versucht, einen Ausgleich herbeizuführen. Häufig wird der Planet auf der Erlebensebene der Hemmung erlebt. Hier einige Entsprechungen:

Die Aspekte

Sonne: Schwaches Identitätsgefühl, Ichbezogenheit

Mond: Innere Verbundenheit zu Heim und Gefühlen fehlt, andererseits ist ein starkes Bemühen darum vorhanden

Merkur: Schwierigkeiten, sich auszudrücken; sollte sich darum bemühen, aktiv Kommunikation aufzubauen

Venus: Hat Schwierigkeiten mit Beziehungen, braucht aber das Du ganz besonders und muss sich um Aufgeschlossenheit bemühen

Mars: Kann sich nicht aufraffen zu Aktivität, platzt aber vor Energie

Jupiter: Hält dauernd Ausschau nach günstigen Gelegenheiten, findet aber keine; hier sollte man sich durch eigene Anstrengungen »Gelegenheiten« schaffen

Saturn: Hat es schwer, Grenzen zu erkennen, ist um starke Selbstbeherrschung bemüht, um doch noch eine Orientierung zu finden

Uranus: Ist entweder zu sehr bemüht um Geltung und Wirkung oder vernachlässigt sich selbst

Neptun: Ist in seiner Phantasie und in seinem mystischen Streben eingeengt, geht auf im künstlerischen und helfenden Bereich, sollte Vertrauen in den Kosmos entwickeln.

> **Ein unaspektierter Planet kann sich ohne irgendeine Beziehung nicht richtig entwickeln, es fehlt ihm an Ausdruck. In diesem Fall sollte man versuchen, diese Anlage so zu entwickeln, dass man sie nicht in der Hemmung erleben muss.**

Beispiel

Aufgrund unserer bisherigen Erkenntnisse können wir über das Horoskop von Hillary Clinton nun folgende Aussagen machen:

Der Aszendent steht (gerade noch) im Luftzeichen Zwilling. In der Natur eines Zwillings-Aszendenten liegt seine Fähigkeit zur Kommunikation, es handelt sich um einen wachen, aufnahmebereiten Menschen, der sich eher mit Hilfe seines Intellekts durchsetzen wird. Die Position von Merkur, dem Aszendentenherrscher, spricht davon, dass er imstande ist, methodisch vorzugehen, von Genauigkeit und Analysefähigkeit. Ein Merkur im sechsten Haus ist imstande, viele Aufgaben gleichzeitig zu bewältigen. Dies alles vor dem Hintergrund des Skorpion gesehen, sagt unter anderem tiefes Verarbeiten und Abstraktionsvermögen aus. Da sich das gesamte erste Haus im Wasserzeichen Krebs befindet, das ja auch ein kardinales Zeichen ist, müssen wir es in unserer Interpretation mit berücksichtigen. Das bedeutet, dass die intellektuellen Anlagen hier

Der Zwillings-Aszendent

Hillary Clinton	26.10.1947 20:00:00 CST	
Chicago	087:39:00 W 41:51:00 N	02:00:00 GMT

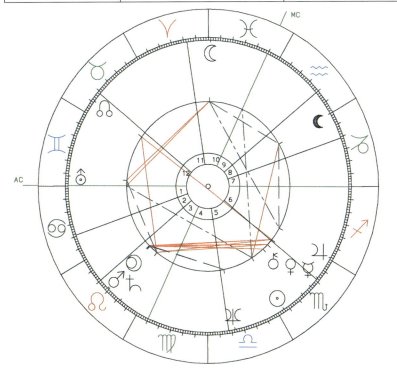

emotional gefärbt sind, Hand in Hand gehen mit einem guten Instinkt und Einfühlungsvermögen. Noch dazu steht der Mond, Herrscher über das Zeichen Krebs, im Haus 10, im Haus des Berufes und der Öffentlichkeit; d.h., dort werden die Anlagen eingesetzt. Das MC in den Fischen spricht überdies vom Erfassen von gesellschaftlichen Hintergründen und beruflichem Aufstieg.

Nun betrachten wir noch das zweite persönliche Licht, die Sonne: Bei der Sonne im fünften Haus handelt es sich um eine Person mit einer starken Ausstrahlung, zumal diese im Bühnenbild des Skorpion agiert. Die Kreativität und Vitalität erfahren Tiefe und Hintergründigkeit und zeigen Führungsqualitäten an.

Im Horoskop von Hillary Clinton steht die Sonne, das Prinzip der Handlungsfähigkeit, in ihrem »natürlichen«, nämlich dem fünften Haus, allerdings im Skorpion. Das von ihr beherrschte Zeichen Löwe schneidet das dritte Haus an, in dem es um Kommunikation und Selbstdarstellung geht.

85

Die Arbeit mit den Aspekten

Die Arbeit mit den Aspekten ist der letzte Baustein, der uns zur Gesamtinterpretation eines Horoskops noch fehlt. Dabei sollte man sich Aspekte, die mit Sonne und Mond – dem Handeln und Fühlen – gebildet werden, ganz besonders genau ansehen.

Ein Aspekt sagt, nur für sich gesehen, wenig aus! Mit zu beachten sind die Zeichen, in denen diese Konstellationen stattfinden: So drückt ein Quadrat in zwei fixen Zeichen eher starres Beharren aus als eines in zwei beweglichen. Ein Trigon zwischen zwei Feuerzeichen deutet mehr auf einen handlungskräftigen Menschen als in zwei Wasserzeichen. Generell bringen Aspekte in kardinalen Zeichen meist außergewöhnliche Tatkraft und Energie mit sich, fixe Zeichen können eine so große Unbeweglichkeit bewirken, dass man »stecken bleibt«, und Aspekte in beweglichen Zeichen können entweder eine elastische Anpassung mit sich bringen, oder das Problem wird schlankwegs umgangen.

Aspekte mit Sonne und Mond sollte man immer genau ansehen: Bei Sonnenaspekten geht es um die Gewinnung und Nutzung seiner Willenskraft. Die Sonne ist das Prinzip des Kraftpotenzials, Mut, Energie und Lebensfreude sind an der Sonne ersichtlich. Bei Mondaspekten geht es um unsere seelische Verwurzelung (innere Heimat), um Verbundenheit sowie um den Zugang zur eigenen Natur, zum Wahrnehmen der eigenen Persönlichkeit. Bei Venusaspekten ist darauf zu achten, dass Venus sich im Allgemeinen leicht mit anderen Planeten verbindet: Mit Saturn kann sie sich vergesellschaften, kann exzentrisch werden mit Uranus, künstlerisch mit Neptun, obsessiv mit Pluto.

Bei Aspekten zwischen den überpersönlichen Planeten (also Saturn, Uranus, Neptun und Pluto) ist zu beachten, dass sie sich nicht so unmittelbar auf den einzelnen Menschen auswirken wie Aspekte, an denen die persönlichen Planeten beteiligt sind. So betrifft etwa die Neptun-Uranus-Konjunktion alle Menschen, die 1993 geboren wurden, treten diese beiden Planeten aber in einem Geburtshoroskop mit der Sonne in Verbindung, so werden sie sehr wohl für das Leben dieses Menschen bedeutsam.

Aspekte mit der Sonne

Lebensantrieb, Herzlichkeit, Wille, Kreativität und Handlungsfähigkeit werden durch eine andere Kraft unterstützt oder beeinträchtigt. Wie ist der Einklang zwischen den Kräften?

Sonne – Mond: Antrieb und Gemüt, Tat und Gefühl, Ego und Hingabe

Sonne – Merkur: Herz und Verstand, Tun und Sagen, Energie und Darstellung

Sonne – Venus: Wille und Sinne, Realität und Wertung, Herzlichkeit und Takt, Selbstbehauptung und Harmonie

Sonne – Mars: Grundantrieb des Lebens – Antrieb zur Verwirklichung von Zielen, »Auto und Benzin«, Planung und Improvisation, Vitalität und Energie, Vater und Geliebter

Sonne – Jupiter: Lebensschwung und Expansion, Gelingen und Übertreibung, Machbares und Idealzustand, Handlung und Optimierung

Sonne – Saturn: Selbstbewusstsein und Hemmungen, Erfolgswille und Widerstand, persönliche und öffentliche Interessen, Lebensfreude und Verzicht, Lust und Frust

Sonne – Uranus: Kreativität und Exzentrizität, Herz und Geist, Einzelne und Gruppeninteressen

Sonne – Neptun: Entschluss und Wunsch, Tat und Traum, Sein und Schein, greifbare und hypothetische Wirklichkeit, Kreation und Vision

Sonne – Pluto: Handlungsfreiheit und Unterdrückung, Vitalität und Obsession, Spontaneität und Zwanghaftigkeit.

Während eine Konjunktion zwischen Sonne und Uranus der Umsetzung von intuitiven Einfällen sehr förderlich sein kann, handelt es sich bei einem Quadrat unter Umständen um exzentrisches Verhalten ohne kreativen Hintergrund. Ein Trigon zwischen Saturn und Sonne wirkt wie ein Stabilisator, ein Quadrat eher einengend.

Aspekte mit dem Mond

Gefühl und Empfindung für etwas werden durch eine andere Kraft unterstützt oder beeinträchtigt. Wie ist der Einklang zwischen den Kräften?

Mond – Merkur: Gefühl und Verstand, Empfindung und Ausdruck, Gemütsbewegung und Beobachtung, Fühlen und Analyse

Mond – Venus: Gemüt und Sinne, Mutter und Geliebte, Seelenhaltung und Meinung, Orientierung und Entscheidung, Anteilnahme und Eigennutz

Mond – Mars: Nehmen und Geben, Wärme und Glut, Stillhalten und Handeln, Empfindung und Antrieb

Mond – Jupiter: Volk und Religion, Egoismus und Toleranz, Emotion und Übertreibung, innere Heimat und Lebensoptimierung

Mond – Saturn: Wunsch und Realität, Weichheit und Härte, Naivität und Erfahrung, Flüchtigkeit und Dauer, Zurückweichen und Akzeptieren, Laune und Ratio

Mond – Uranus: Stimmung und Umschwung, Empfindung und Intuition, Gefühle und Spontaneität, Ruhe und Spannung

Mond – Neptun: Spiegelbild und Vorspiegelung, Stimmung und Bestimmung, nicht fassbare Bedürfnisse und Eingebungen

Mond – Pluto: Identität und Fremdbestimmung, Gefühle und Programm, Gefühl und Dominanz, seelische Energie und leidenschaftliche Gefühle, Empfinden und Vorstellungsbezogenheit.

> *Eine Opposition zwischen Mond und Merkur ist die Herausforderung, die Balance zwischen Gefühl und Verstand zu finden. Ein Sextil zwischen Mond und Venus macht es leichter, den Einklang zwischen dem mütterlichen und dem eigennützigen Prinzip (speziell der Waage-Venus) zu finden.*

Aspekte mit Merkur

Der wertungsfreie Verstand, die Kommunikationsfähigkeit, vernünftige Anpassung, analytisches Denken werden durch eine andere Kraft unterstützt oder beeinträchtigt. Wie ist der Einklang zwischen den Kräften?

Merkur – Venus: Nüchtern und sinnlich, nützlich und schön, zwiespältig und diplomatisch, Nutzen und Wert, Fertigkeiten und Darbietung, Darstellung und Abgrenzung, Verstand und Sinne

Merkur – Mars: Beurteilung und Einsatz, Plan und Durchführung, geistige und körperliche Schlagfertigkeit, Anpassung und Kampf, Analyse und Trieb, Verstand und Trieb

Merkur – Jupiter: Nutzen und Sinn, das Einzelne und das Ganze, Alltag und Philosophie, Kleinformat und Großformat, Aufrichtigkeit und Heuchelei, Sachlichkeit und Beschwingtheit

Merkur – Saturn: Leicht und schwer, lebendig und starr, offen und abgeschlossen, beweglich und unbeweglich, Lernen und Erfahrung, breite Interessenslage und Spezialisierung, Warum und Beweis (Konjunktion kann eisgekühlter Merkur sein)

Merkur – Uranus: Berechenbarkeit und Eingebung, Unterwerfung und Auflehnung, Geist und Sprunghaftigkeit, Denken und Brüche, Wendigkeit und Plötzlichkeit, handwerkliche Geschicklichkeit und neue Technik, Alltägliches und Sonderbares

Merkur – Neptun: Wissen und Ahnung, Verstand und Phantasie, Mögliches und Unwahrscheinliches, Endliches und Unendliches, Forschung und Phänomene, Schärfe und Weite, Handwerk und Schöpfung, Worte und Wortlosigkeit, Präzision und Mystik

Merkur – Pluto: Ausdruck und Fremdbestimmung, Erfahrung und Abstraktion, Kommunikationsfähigkeit und Konzept, Äußerungen und Dogmatik, Anpassung und Unterdrückung, Gefühlsausdruck und Leidenschaftlichkeit.

Aspekte mit Venus

Abgrenzung, Wertempfinden, Sinnesfreuden, Harmoniebedürfnis, Ausstrahlung, Begegnungsfähigkeit werden durch eine andere Kraft unterstützt oder beeinträchtigt. Wie ist der Einklang zwischen den Kräften?

Venus – Mars: Geliebte und Liebhaber, Hingabe und Selbstbehauptung, Reaktion und Dynamik, Diplomatie und Derbheit, Mögen und Können, Unentschiedenheit und Antrieb, Bindung und Neuanfang, Sinnesempfindung und Antrieb

Venus – Jupiter: Ausgleich und Maß, Wert und Sinn, Gefälligkeit und Bequemlichkeit, Bild und Ideal, Anhäufung und Großzügigkeit, Sinnesempfindung und Sinnfindung

Venus – Saturn: Wert und Maßstab, Ausgleich und Grundsätze, Lustreiz und Enthaltsamkeit, Verschwendung und Selbstbeschränkung, Materie und Kargheit, Kühle und Härte, Lässigkeit und Strenge

Eine Konjunktion von Venus und Mars ist oft bei Einzelkindern oder Nesthäkchen zu finden. Solche Menschen steuern manchmal sehr direkt auf ihr Ziel zu und könnten damit andere erschrecken, wäre da nicht der unwiderstehliche venusische Charme ...

Die Arbeit mit den Aspekten

Venus – Uranus: Bindung und Freiheit, sinnliche und platonische Liebe, Beständigkeit und radikale Kursänderung, Charme und Exzentrik

Venus – Neptun: Materie und Antimaterie, Anschauliches und Phantasiewelt, Grenzen und Entgrenzung, Sinnesfreuden und Berauschung, irdische und kosmische Liebe

Venus – Pluto: Genuss und Ausschweifung, Abgrenzung und Sehnsucht nach Symbiose, Nähe und Körperlichkeit, Gleichberechtigung und eigener Weg, Selbstwert und Objektbezogenheit.

Ein Quadrat zwischen Mars und Saturn weist oft auf eine große Leidensfähigkeit hin, und dies bedeutet wiederum, dass es lange dauern kann, ehe sich ein Mensch aus unangenehmen Umständen befreit. Menschen mit einem Trigon zwischen Mars und Saturn können Kämpfer »im Namen der Wahrheit« sein.

Aspekte mit Mars

Durchsetzung, (An-)Trieb zur Verwirklichung von Zielen, Aggression, Beginn sowie Selbstbehauptung werden durch eine andere Kraft unterstützt oder beeinträchtigt. Wie ist der Einklang zwischen den Kräften?

Mars – Jupiter: Egoistisch und idealistisch, spontan und huldvoll, Sieg und Kompromiss, Streit und Verzeihen, Trieb und Sinn, Können und Anspruch, anfangen und vollenden, Ethos und Glauben, erwerben und verschwenden

Mars – Saturn: Antrieb und Widerstand, Triebbefriedigung und Triebhemmung, Angriff und Konsequenz, Anerkennung und Zurücksetzung, spontane Zielsetzungen und versperrte Wege, Energie und Entschlossenheit, Aggression und Verdrängung, Sorglosigkeit und Verantwortung

Mars – Uranus: Antrieb und Unterbrechung, Ansporn und Idee, Tatenlust und Beirrbarkeit, Reaktion und Unruhe, Durchsetzung und Unabhängigkeitsdrang, Einzelkämpfer und Freunde, Ursprung und Neuerung

Mars – Neptun: Tatenlust und Visionen, Tat und Traum, Aktivität und Vergänglichkeit, Krieger und Seefahrer, Angriff und Rückzug, Schwert und Schleier

Mars – Pluto: Persönlicher Trieb und Urenergie der Sippe (im Sinne der Arterhaltung), Regenerationsfähigkeit und Todesnähe, Aggression und Zwang, Kampf und Macht.

Aspekte mit Jupiter

Lebensoptimierung, Sinngebung, Idealismus und geistige Orientierung werden durch eine andere Kraft unterstützt oder beeinträchtigt. Wie ist der Einklang zwischen den Kräften?

Jupiter – Saturn: Expansion und Einschränkung, Sieg und Sicherung, Sinn und Maßstab, Optimismus und Pessimismus, bedenkenlos und skrupelhaft, Überschwang und Sachlichkeit, Weltanschauung und Tradition, gönnerhaft und maßregelnd, zufrieden und unzufrieden

Jupiter – Uranus: Entgegenkommen und Unverbindlichkeit, ideelle und soziale Verpflichtungen, Philosophie und Umsturz, Clown und Narr, Heiterkeit und Ironie, geistige Orientierung und Inspiration

Jupiter – Neptun: Expansion und Auflösung, Horizont und unendliche Weite, Philosophie und Glaube, Orientierung und Verschwommenheit, Wohlbefinden und Entsagung

Jupiter – Pluto: Toleranz und Dogmatismus, Philosophie/Religion und Lebensnotwendigkeit, Wohlbehagen und Wandlung, Fülle und Tiefe, Willensstärke und Seelenkraft.

Ein Quadrat zwischen Jupiter und Neptun kann eine überhöhte Erwartung an das Glück und das Schicksal bedeuten, eine Konjunktion kann eine ganzheitliche Art, an Dinge heranzugehen, fördern und weist auf Überwindung von Grenzen hin.

Aspekte mit Saturn

Rückhalt, Struktur, Maßstab, Ehrgeiz, die eigenen Rechte und die Verantwortung werden durch eine andere Kraft unterstützt oder beeinträchtigt. Wie ist der Einklang zwischen den Kräften?

Saturn – Uranus: Normen und Verstoß, Tradition und Umbruch, erhalten und verwerfen, Polizist und Rebell, Rezept und Entwurf, langsam und plötzlich, Gesellschaft und Gleichgesinnte, Ausdauer und Sprunghaftigkeit, maßregeln und korrigieren, gestern und morgen

Saturn – Neptun: Grenzen und Grenzenlosigkeit, Wirklichkeit und Phantasie, Bewusstes und Unbewusstes, Hemmung und Angst, Gesetz

> Ein Trigon zwischen Saturn und Uranus bedeutet, mühelos das »Alte« mit dem »Neuen« zu verbinden, während ein Quadrat auf die Widersprüche zwischen konservativen Werten und Freiheitsdrang hinweist. Meist waren schon die Eltern in Bezug auf Status oder Naturell völlig unterschiedlich geprägt.

und Glaube, Wissen und Inspiration, Greifbares und Wunderbares, Diesseits und Jenseits

Saturn – Pluto: Gesellschaft und Leitbild, Recht und Macht, Beruf mit Leib und Seele, Tod und Auferstehung, Aufstieg und Sturz, Maßstab und Wandlung.

Aspekte mit Uranus

Hoffnungen, neue Ziele, Hobbies, Ungebundenheit, Individualität, Originalität, Plötzlichkeit werden durch eine andere Kraft unterstützt oder beeinträchtigt. Wie ist der Einklang zwischen den Kräften?

Uranus – Neptun: Philosophisch-abstraktes und beseeltes Verhältnis zu Gleichgesinnten, Freiheit und Rückzug

Uranus – Pluto: Freigeist und Dogmatisierung, Freiheit und Gebundenheit, Entbindung und Fixierung, Distanz und Symbiose, Kälte und Hitze, Geist des Himmels und Herrscher der Unterwelt.

Aspekte mit Neptun und Pluto

Neptun – Pluto: Ohnmacht und Macht, Mystiker und Guru, Auflösung und Zerstörung, Isolation und Beziehung, Frieden und Krieg

Pluto: Die Pluto-Aspekte sind immer als letzte besprochene Aspekte unter den Abschnitten für die einzelnen Planeten zu finden.

Literaturverzeichnis

Zur Erstellung dieses »Grundkurses« habe ich folgende Literatur hinzugezogen:

Stephen Arroyo: Astrologie, Psychologie und die vier Elemente (Hugendubel, München 1982)

Astrologie Heute, Zeitschrift, Magazin Nr. 48 bis 61 (Astrodata Verlag, Zürich)

Hajo Banzhaf / Anna Haebler: Schlüsselworte zur Astrologie (Kailash-Verlag, 2. Auflage, München 1994)

Nicholas Campion: Der praktische Astrologe (deutsche Ausgabe RVG-Interbook, 2. Auflage, Remseck 1991)

Wolfgang Döbereiner: Astrologisches Lehr- und Übungsbuch, 6 Bände, Bd. 1 u. 2 (Verlag Döbereiner, 11. Auflage, München 1994)

Liz Greene / Stephen Arroyo: Saturn und Jupiter (Hugendubel, 2. Auflage, München 1989)

Karen M. Hamaker-Zondag: Elemente und Kreuze (deutsche Ausgabe Hier & Jetzt-Verlag, Hamburg 1991)

C.G. Jung: Beziehung zwischen dem Ich und dem Unbewussten

C.G. Jung: Archetypen (beides dtv Verlag, München 1990, auf der Grundlage »Gesammelte Werke«)

Freiherr von Klöckler: Kursus der Astrologie, 3 Bände (Verlag Hermann Bauer, 5. Auflage, Freiburg 1978, vergriffen)

Hermann Meyer: Astrologie und Psychologie (rororo Sachbuch im Rowohlt TB-Verlag, Reinbek bei Hamburg 1986/90)

Hermann Meyer: Das astrologische Herrschersystem (Kailash-Verlag, München 1996)

Peter Orban / Ingrid Zinnel: Drehbuch des Lebens (rororo Sachbuch im Rowohlt TB-Verlag, Reinbek bei Hamburg 1990/94)

Fritz Riemann: Grundformen der Angst (Reinhardt Verlag, 14. Auflage, München, Basel 1979)

Thomas Ring: Astrologische Menschenkunde, 4 Bände (Verlag Hermann Bauer, 8. Auflage, Freiburg 1994)

Michael Roscher: Astrologische Aspektlehre mit Transiten (Knaur Astrologie, München 1997)

Dane Rudhyar: Das astrologische Häusersystem (deutsche Ausgabe Kailash-Verlag, 5. Auflage, München 1993)

Howard Sasportas: Astrologische Häuser und Aszendenten (Droemersche Verlagsanstalt, Knaur Taschenbuch, deutsche Erstausgabe, München 1987)

Milan Spurek: Das große Handbuch der Astrologie (deutsche Ausgabe Ludwig Verlag, München 1996)

Hermine-Marie Zehl: Der 100-jährige Kalender (Typologisierung der Sonnenzeichen) (Ludwig Verlag, München 1995)

Hermine-Marie Zehl / Christine Kobbe: Wendepunkte im Leben (Ludwig Verlag, München 1997)

Kursunterlagen und eigene Kursmitschriften im Rahmen der Ausbildung zur psychologischen Astrologin am Institut für psychologische Astrologie, München. Leitung: Hermann Meyer; ReferentInnen: B. Becvar-Jost, H. Gschwendter, Ch. Kobbe, W. de Philipp, Dr. A. Pilger, W. Schütz, R. Sellin.

Impressum

Über die Autorin

Hermine-Marie Zehl, aufgewachsen in Wien, lebt heute als freie Autorin und Redakteurin in Hamburg. Sie ist Soziologin und psychologische Astrologin mit therapeutischer NLP-Ausbildung. Sie führt Kommunikationstraining und Persönlichkeits-Coaching durch, arbeitet als Supervisorin und hält Führungsseminare ab.

Hinweis

Das vorliegende Buch ist sorgfältig erarbeitet worden. Dennoch erfolgen alle Angaben ohne Gewähr. Weder Autorin noch Verlag können für eventuelle Schäden, die aus den im Buch gemachten Hinweisen resultieren, eine Haftung übernehmen.

Bildnachweis
Astrofoto, Sörth: U1 (2)

Illustrationen: Roger Kausch

© 2006, by Bassermann Verlag, einem Unternehmen
der Verlagsgruppe Random House GmbH, 81673 München
Alle Rechte vorbehalten. Nachdruck – auch auszugsweise –
nur mit Genehmigung des Verlags.

Redaktion: Margit Brand

Projektleitung: Berit Hoffmann

Grafiken: Kathrin Herwig

DTP-Produktion: Der Buch*macher* Arthur Lenner, München

Umschlag: Atelier Versen, Bad Aibling

Druck: L.E.G.O., Vicenza

Printed in Italy

ISBN-10: 3-8094-1860-9
ISBN-13: 978-3-8094-1860-3

03668X 817 6253 4453 6271

Register

Arendt, Hannah 42f.
Aspekte 78ff., 86ff.
Aspekte mit
– dem Mond 87f.
– der Sonne 87
– Jupiter 91
– Mars 90
– Merkur 88f.
– Neptun und Pluto 92
– Saturn 91f.
– Uranus 92
– Venus 89f.
Astrologie
– psychologische 5
– zwölf Prinzipien 4f.
Aszendent (AC) 11, 13, 22f., 26,
38, 48, 50ff.

Becker, Boris 44f.
Berechnung, praktische 18f.
Besitzachse 2 – 8 (Stier/Skorpion)
48, 54
Beziehungsachse 1 – 7
(Widder/Waage-Prinzip) 48ff.,
53

Clinton, Hillary 84f.

Deszendent (DC) 11f., 48, 53
Deutungsschritte 38ff.

Ekliptik 16
Elemente 20ff.
– als Pflanze 23
Eos, die Morgenröte 29
Ephemeriden 15f., 18
Erde (Element) 20, 23f.
Erde

– als Mittelpunkt des Systems 6
– und Wasser 24
Erdzeichen 20ff.
Erlebensebenen 41ff.
Existenzachse 6 – 12 (Jungfrau/
Fische) 49, 55

Feuer (Element) 20, 23f.
Feuer
– und Erde 23
– und Luft 23
– und Wasser 24
Feuerzeichen 20, 22
Figuren 81f.
Fische 9ff., 22, 47, 60f.
Fische/Neptun (Haus 12) 36
Frühlingspunkt 7

Gaia, die Erde 35
Geburtsort 14f.
Geburtsstunde 12ff.
Geburtstag 14
Greenwichzeit (GWT) 14f., 18
Grundaspekte 78ff.
Grunddaten zur Horoskoperstel-
lung 14ff.

Hades (Pluto) 32
Halbquadrat 79
Haus als Bühne 58
Häuser 7f.
– und Planeten 27ff., 56
Häuseraufteilung 12, 15f.
Häuserbeginn (Spitze oder
Anschnitt) 13, 15, 18
Helios, der Sonnengott 29
Hemmung 41ff.
Hermes 30

Herrscher (Planeten) 9ff.
Horoskop, Bestandteile 6ff.
Horoskoperstellung 8ff.

Imum Coeli (IC) 12, 48f., 53

Jahr, astrologisches 7
Janus 34
Jung, C.G. 24
Jungfrau 9ff., 20, 47, 59, 61
Jungfrau/Merkur (Haus 6) 30
Jupiter 9, 11, 17f., 84, 91
– in den Häusern 69ff.
Jupiter/Schütze (Prinzip) 57

Keil (Figur) 82
Koch-Häusersystem 16
Kommunikationsachse 3 – 9
(Zwilling/Schütze) 48, 55
Kompensation 41ff.
Konjunktion 78f.
Kreativitätsachse 5 – 11 (Löwe/
Wassermann) 49, 54
Krebs 9, 22, 47, 59, 61
Krebs-Aszendent 39
Krebs/Mond (Haus 4) 28f.
Kreuz
– bewegliches 55
– fixes 54
– kardinales 49
Kreuze 45ff.
Kronos 34

Lebenstheater 56ff.
Löwe 9, 20, 47, 59, 61
Löwe/Sonne (Haus 5) 29f.
Luft (Element) 20, 23f.
– und Erde 24

Register

– und Wasser 24
Luftzeichen 21f.

Mars 9, 17f., 84
– in den Häusern 68f.
Mars/Widder (Prinzip) 57
Merkur 17, 84
– des Abends 9f.
– des Morgens 9f.
– in den Häusern 65f.
Merkur/Jungfrau (Prinzip) 57
Merkur/Zwilling (Prinzip) 57
Mittagslinie (Medium Coeli, MC)
  12f., 33, 48f., 53
Mitteleuropäische Zeit (MEZ)
  14
Mond 9, 17f., 25, 84, 86
– in den Häusern 63ff.
– in den Zeichen 60f.
Mond/Krebs (Prinzip) 57

Neptun 9f., 17f., 84, 92
– in den Häusern 74f.
Neptun/Fisch (Prinzip) 57

Opposition 80
Orbis (Umkreis, Wirkungsbereich)
  83
Orientierung, geozentrische 6

Persönlichkeitsachse 4 – 10
  (Krebs/Steinbock) 48f., 53
Placidus de Titis 16
Placidus-Häusersystem 16
Planet als Darsteller 56
Planeten 9ff., 17
– in den Elementen 22
– in den Zeichen 59f.
– unaspektierte 83
Planetenballungen (Figur) 82
Planetenbewegungen 17ff.
Planetenstand 16

Planetenverzeichnis 62ff.
Pluto 9ff., 17, 92
– in den Häusern 75ff.
Pluto/Skorpion (Prinzip) 57
Poseidon 32, 36
Prinzipen
– Verbindung der 38ff.
– astrologische 26ff., 56f.

Quadranten 12f., 16, 44ff.
Quadrat 79

Rechteck, mystisches (Figur) 81
Regiomontanus (Johannes Müller)
  16

Sanduhr (Figur) 82
Saturn 9, 11, 17f., 84, 91f.
– in den Häusern 71f.
Saturn/Steinbock (Prinzip) 57
Schlangenträger (13. Sternbild) 8
Schütze 9, 20, 47, 60f.
Schütze/Jupiter (Haus 9) 33
Sextil 79
Skorpion 9ff., 22, 47, 60f.
Skorpion/Pluto (Haus 8) 32
Sommerzeit 14
Sonne 6f., 9, 17f., 20, 25, 84,
  86
– in den Häusern 62f.
– in den Zeichen 60f.
Sonne/Löwe (Prinzip) 57
Sonnenzeichen 23
Spiegelpunkte 80
Spritzmuster, sogenanntes (Figur)
  81f.
Steinbock 9, 20, 47, 60f.
Steinbock/Saturn (Haus 10) 34
Sternzeichen 11
Sternzeit 15
Stier 9f., 11, 20, 47, 59f.
Stier/Venus (Haus 2) 27f.

T-Quadrat 79
Tag-/Nachtgleiche 8
Tierkreis
– und Häuser 7f.
– und Planeten 9ff.
Tierkreiszeichen 7f., 16, 39, 56
– als Bühnenbild 58f.
– und Sternbilder 8f.
Trigon 80

Uranos 35
Uranus 9f., 17f., 84, 92
– in den Häusern 72ff.
Uranus/Wassermann (Prinzip)
  57

Venus (Liebesgöttin) 31
Venus 17f., 84
– des Abends 9f.
– des Morgens 9f.
– in den Häusern 66ff.
Venus/Stier (Prinzip) 57
Venus/Waage (Prinzip) 57
Waage 9ff., 21, 47, 60f.
Waage/Venus (Haus 7) 31f.
Wasser (Element) 20, 23f.
Wassermann 9ff., 21, 47, 60f.
Wassermann/Uranus (Haus 11)
  35f.
Wasserzeichen 22
Widder 7ff., 11, 20, 38, 47, 59f.
Widder/Mars (Haus 1) 27

Yod (Figur) 81

Zeichen
– bewegliche 47
– fixe 47
– kardinale 47
Zeus 32f.
Zwilling/Merkur (Haus 3) 28
Zwillinge 9f., 21, 59f.